日月神示と神聖幾何学

トッチ×黒川柚月［著］

宇宙を統べる真理の法則と、その科学

時間・空間・重力・量子、そしてフリーエネルギー

ヒカルランド

早く早くと申せども、
立体の真道に入るは、
小我《われ》死なねば、
大我《われ》もなき道ぞ

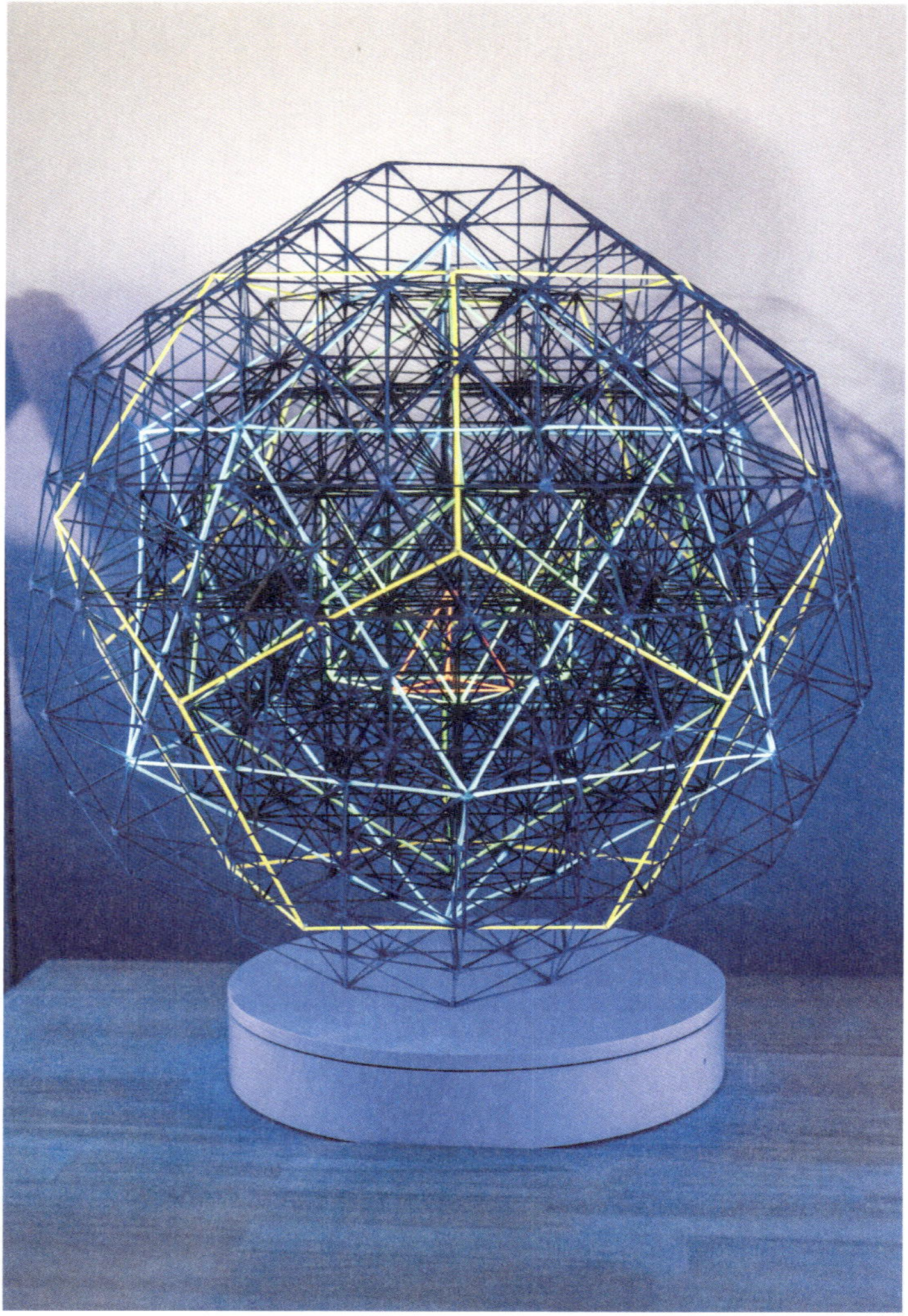

立体の道を早う悟りなされよ

立体に入りさらに復立体、複々立体、
立立体の世界を知らねばならんぞ

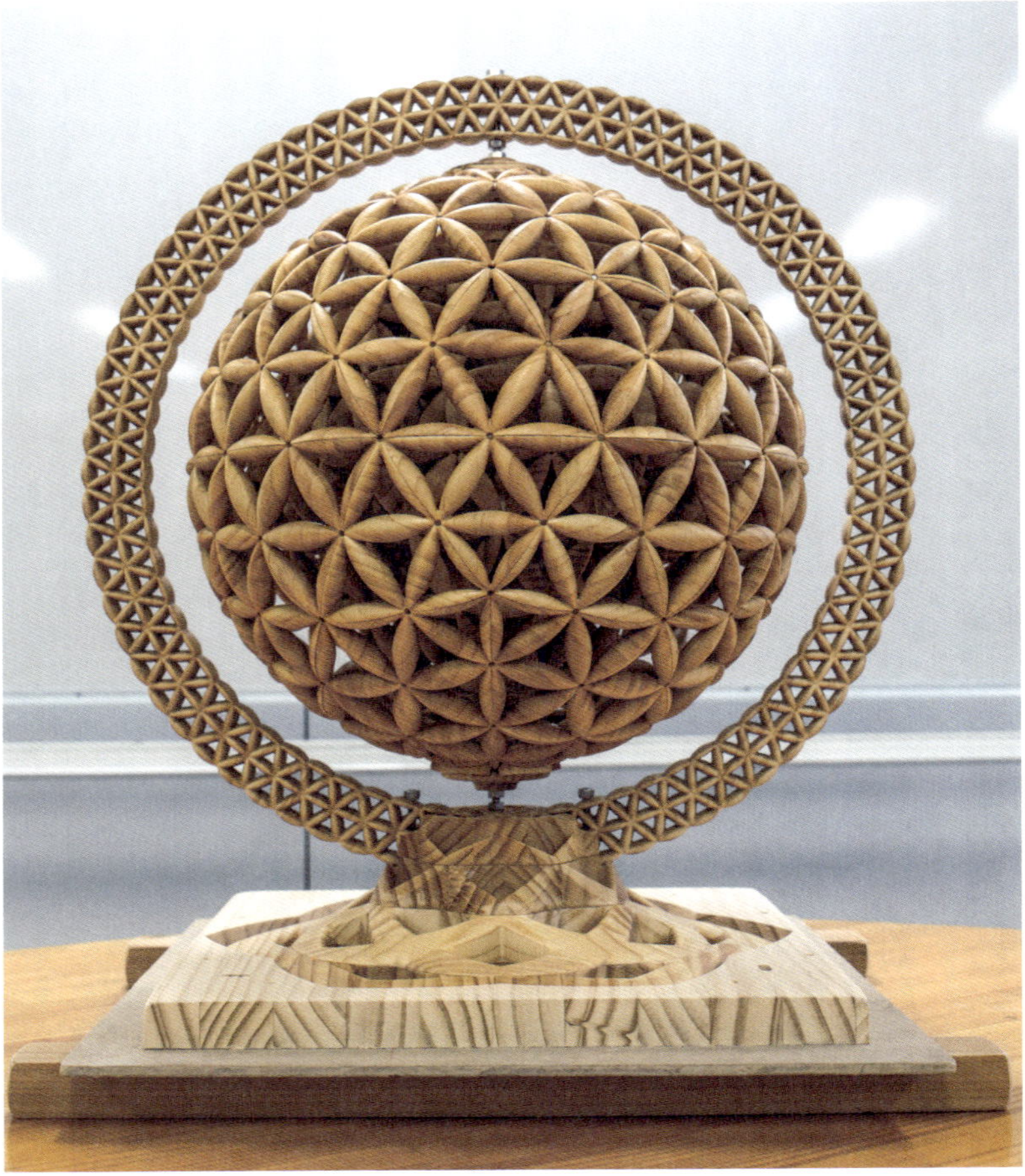

外側：球体をつくりだしているのは正20面体。
内側：ベクトル平衡体が13個合わさったもの（三重構造）が入っている。

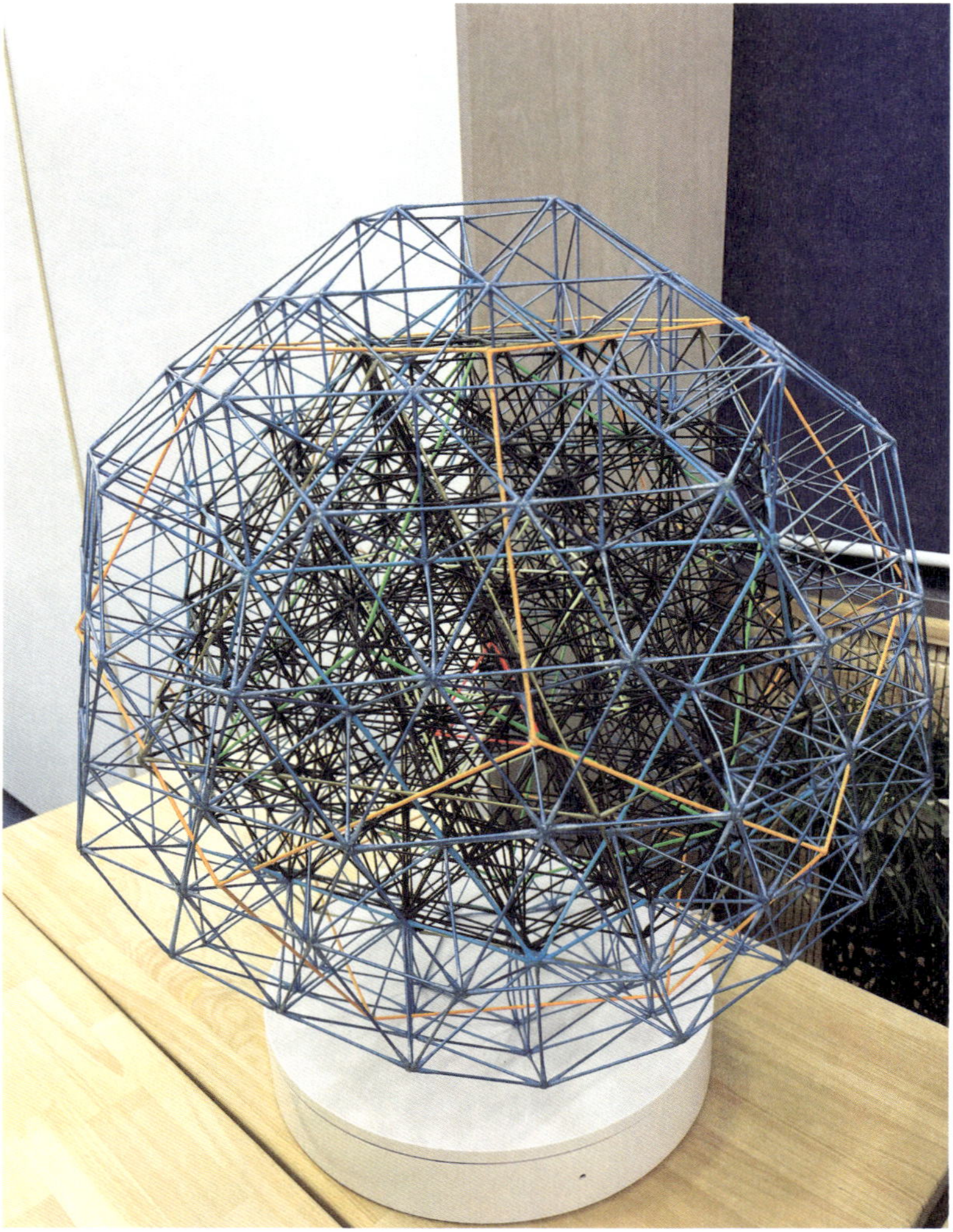

宇宙の真理であり、宇宙の最終形態、フラワーオブライフ。
５つのエレメント（プラトン立体）を全て含む形。

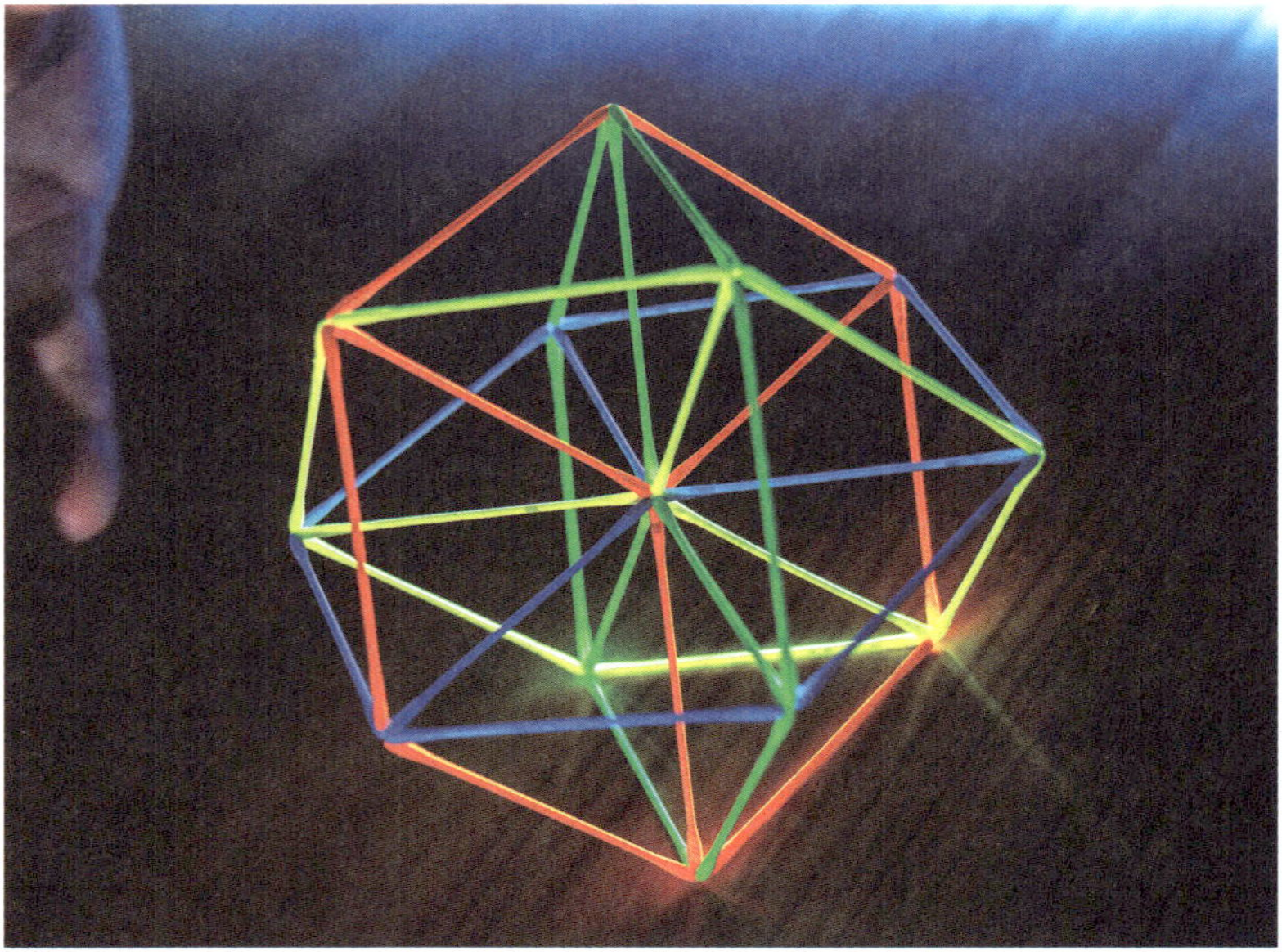

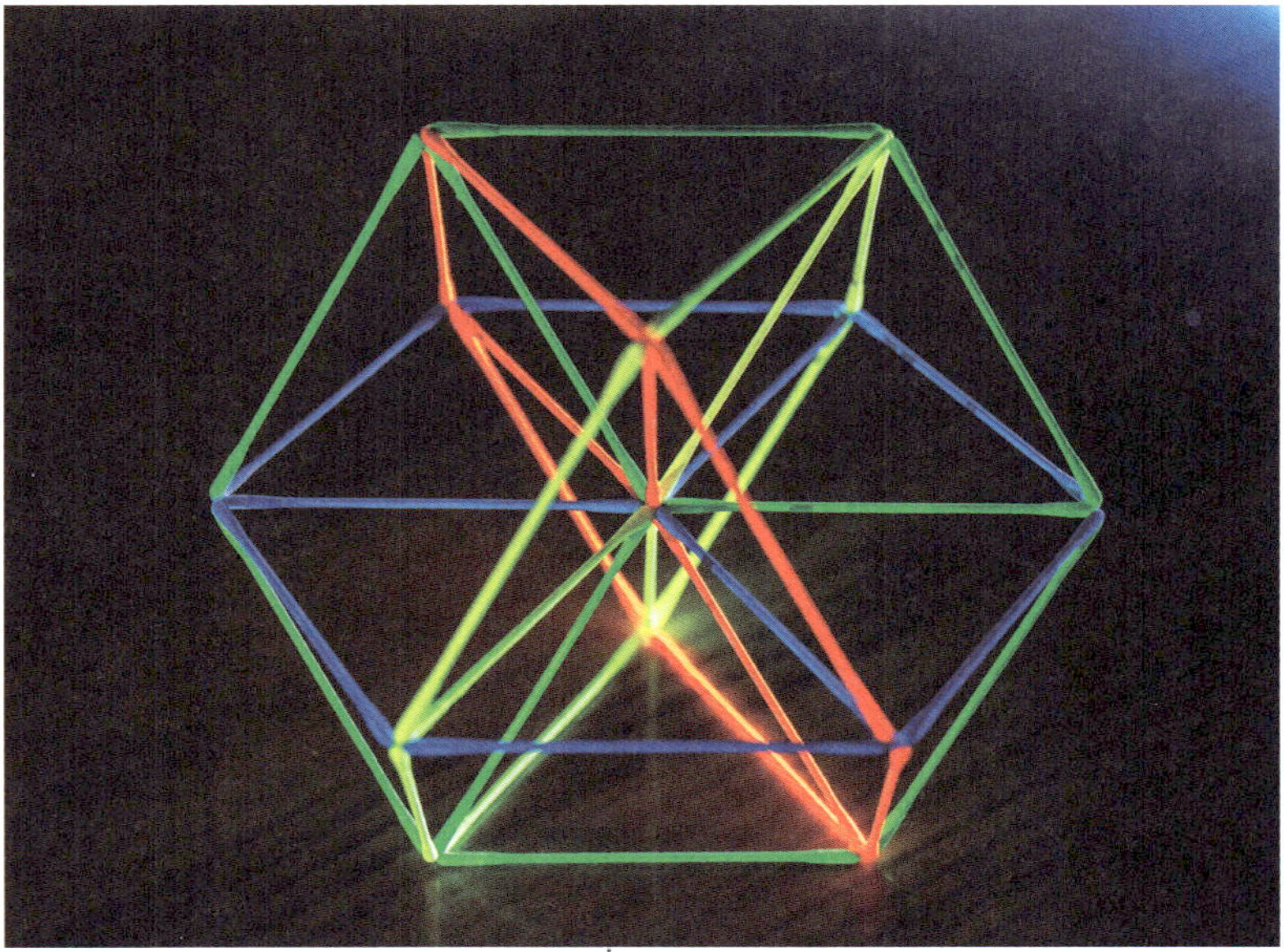

ベクトル平衡体を構成している４つの六角形。
（火・風・土・水の４つに分かれている）

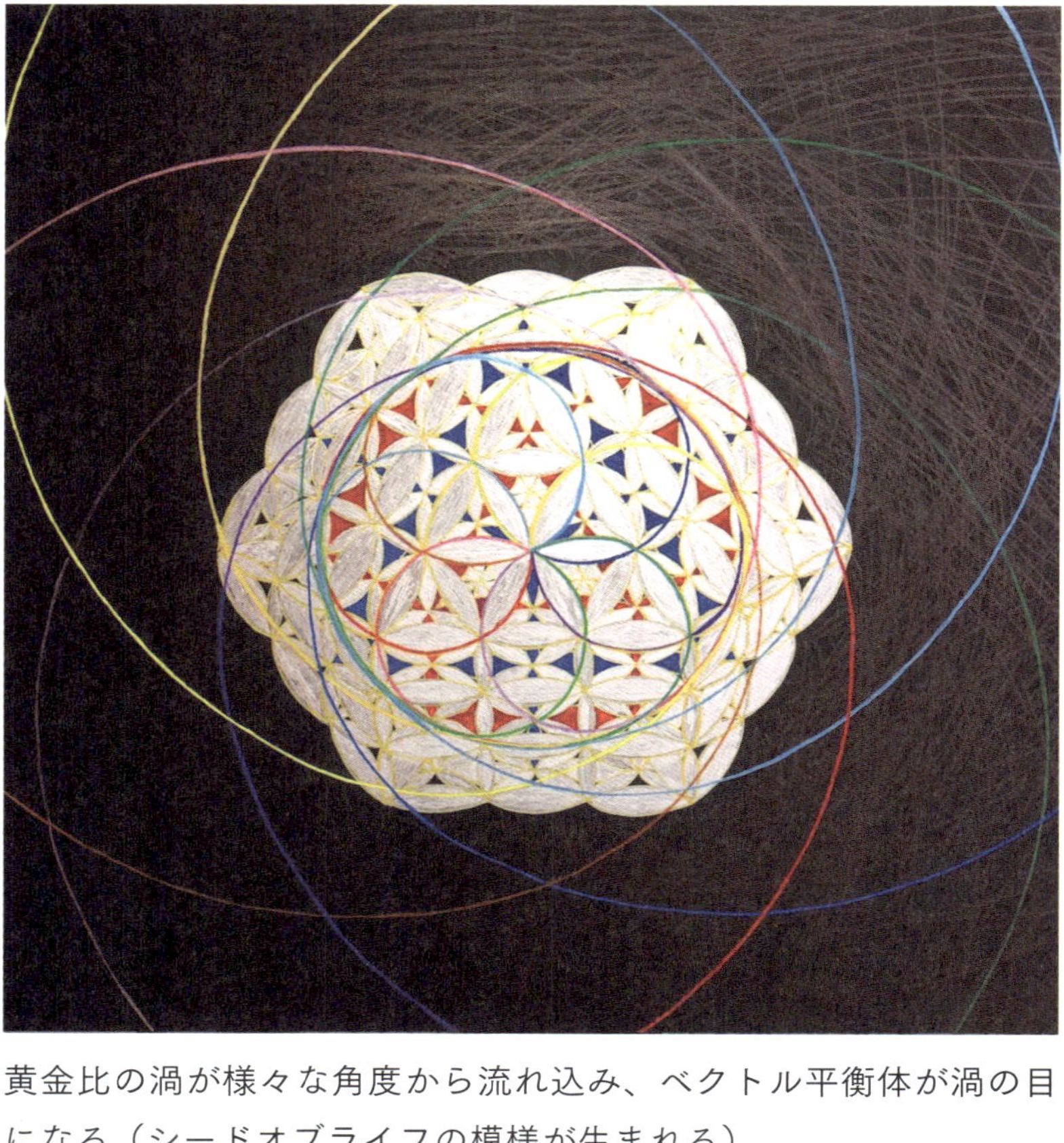

黄金比の渦が様々な角度から流れ込み、ベクトル平衡体が渦の目になる（シードオブライフの模様が生まれる）。

左：九星魔方陣が立体になった状態。

右：立体状の九星魔方陣を展開した図。

天津金木

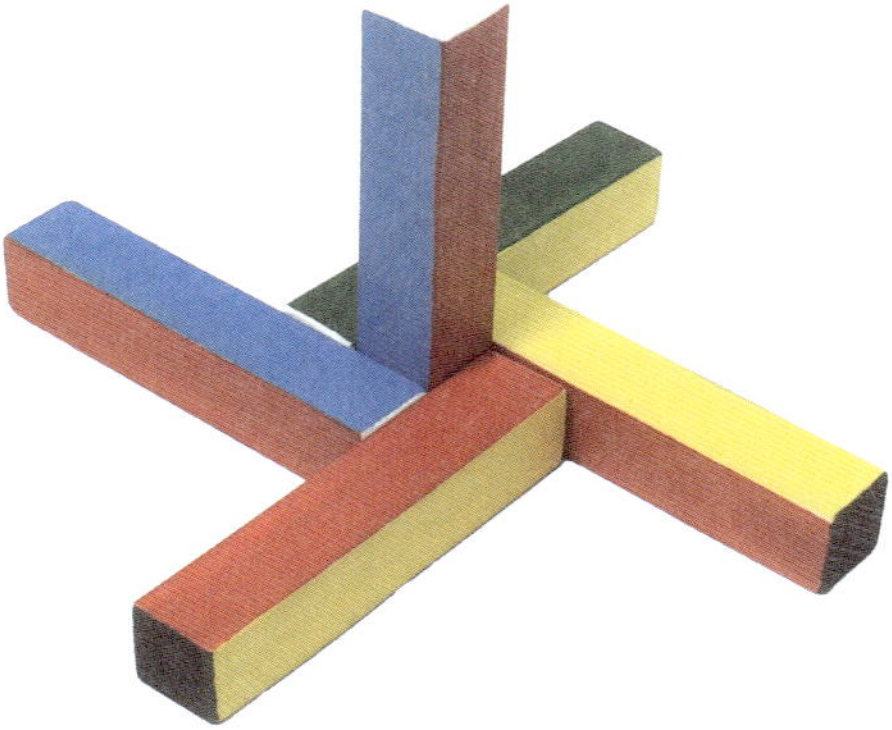

赤・緑・黄・青＝火・風・土・水

黒・白＝陰・陽

４つのエネルギーに陰陽がつく

４×２＝８　→　八方　→　マカバ

正４面体　　　　マカバ

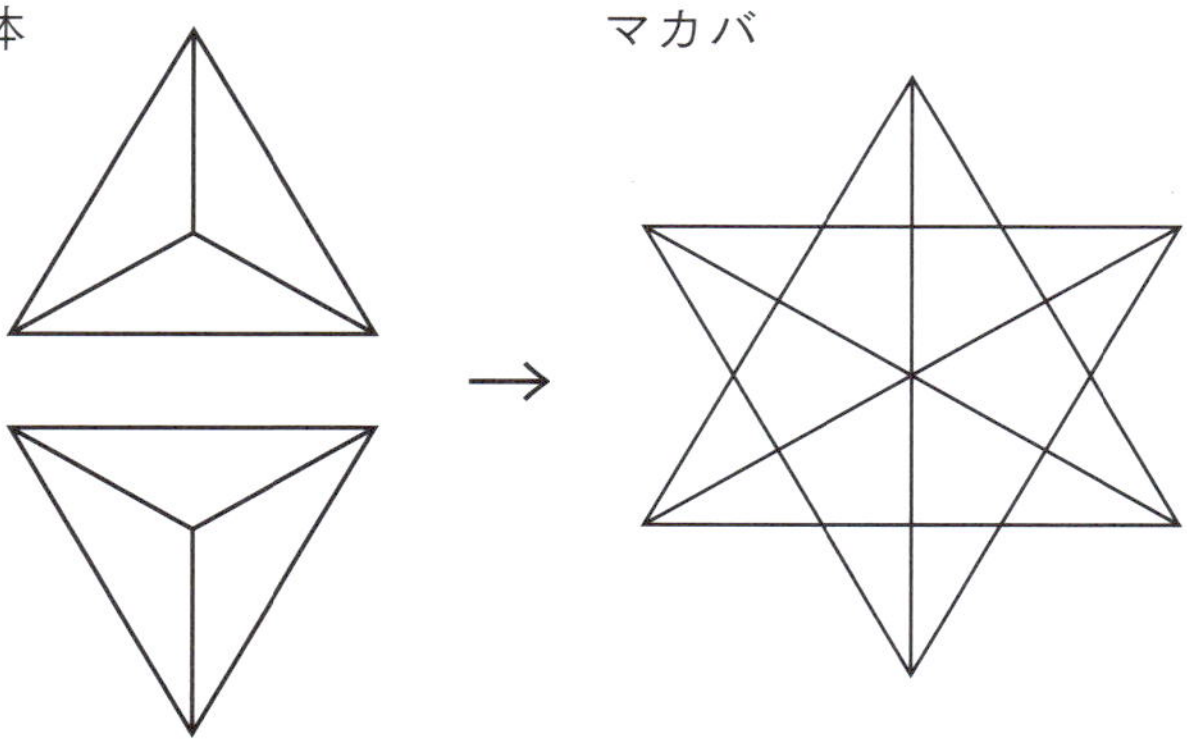

４つの頂点を持つ正４面体が２つ合わさった

マカバ＝頂点が８つ　→　八方

天津金木・画像提供：八幡書店

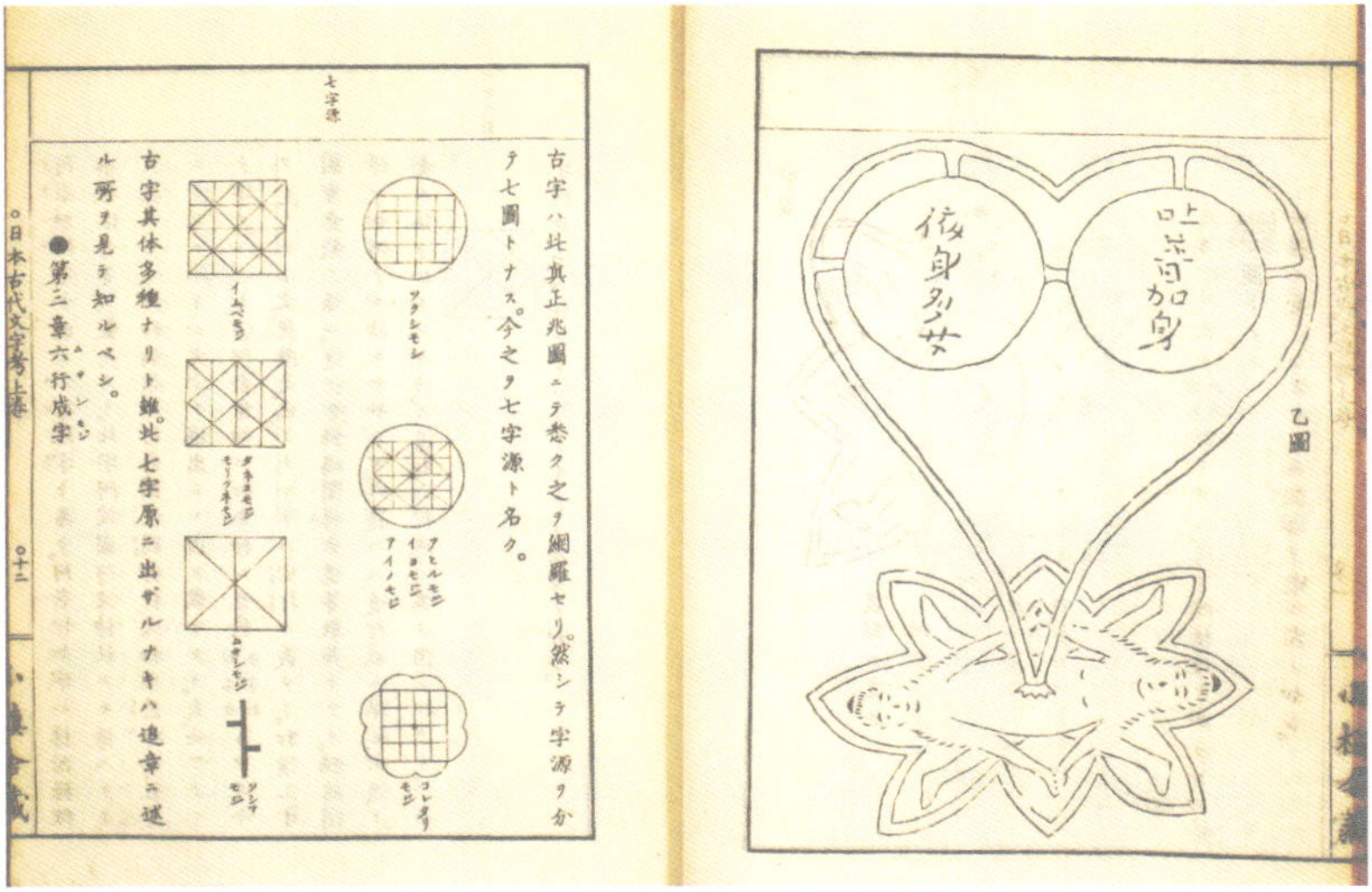

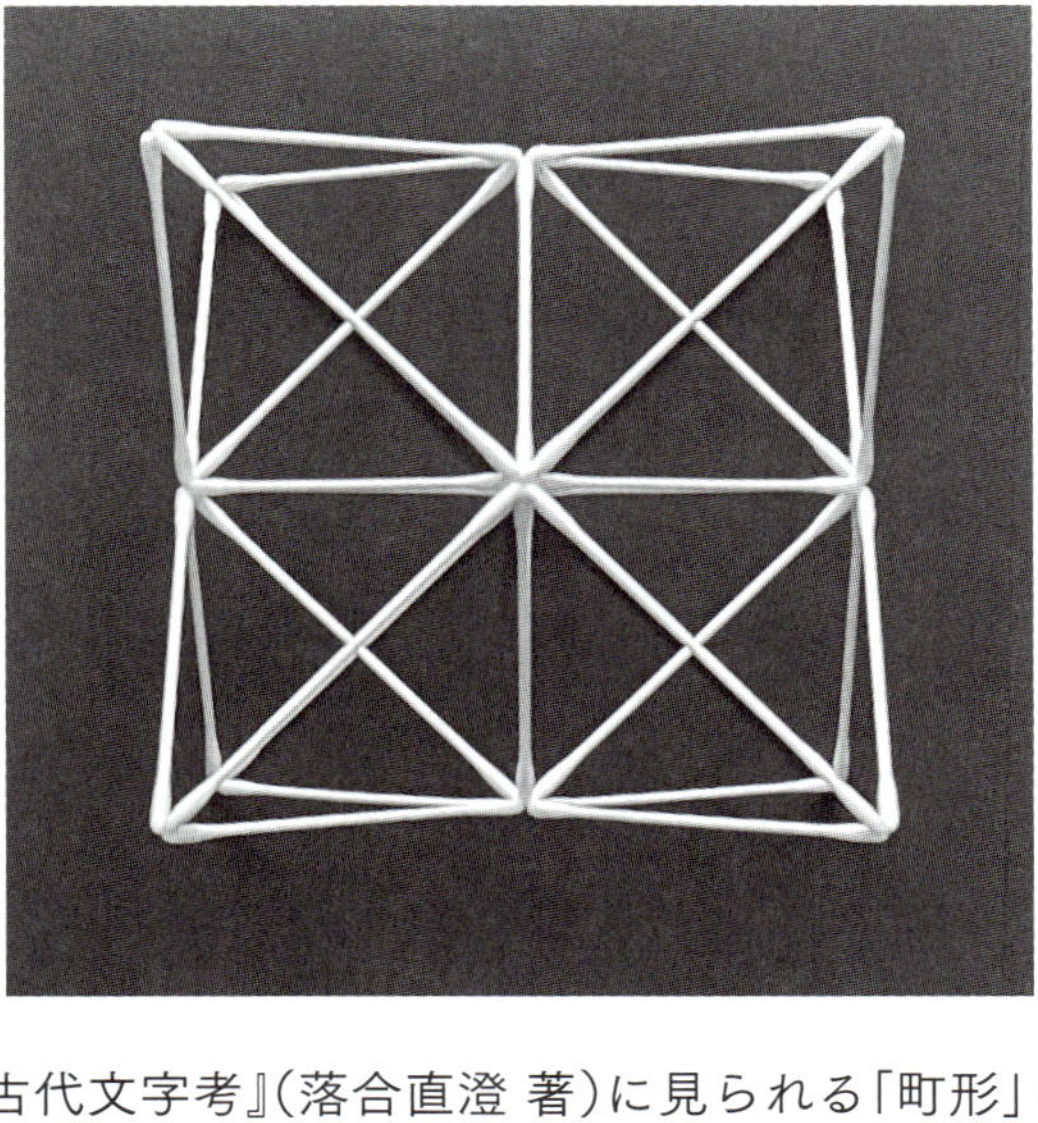

上：『日本古代文字考』（落合直澄 著）に見られる「町形」（左ページ）
下：綿棒のベクトル平衡体（向きを変えたもの）

『日本古代文字考』（落合直澄 著）出典：早稲田大学図書館

示された通りであって他の数では絶対に実相が判らない、又仏典（法華経）の中には「台の中に一の七宝の蓮華しゅあり、その蓮華しゅは百法を以って成ぜり―」等々限りない程の数字が記されているが、これ又その数でなければならぬのである

フトマニの数霊圖

右の如くであって、この第一図、千座の置座は、千と云う数がその中核をなして居らねばならぬ。この図をよく御覧になれば、数字の置かれている座が五百五十、×印をつけている座が四百五十、合せて千座となっているのである、×印は便宜上使用したもので、その横の数字と合せると丁度一百になる数字を現わすものと御承知頂いたい、即ち99の所の×は、であり30の所は70、55の所は45と云った調子である。尚、この座に言葉を記入すれば言霊的千座の置座となるのである。

更に、この図は神典の重大な秘義たるフトマニ図であって、一部専門家の間で伝へられているものは本図の最外図、即ち0から99迄をとりあげてつくったもので、判り易いが平面的であって内奥に秘められている神秘にはふれ得ないうらみがある。

尚、神典類の中には数そのまゝでなく、言葉によって数を現わしている箇所もある、例へば「前記フトマニ（二十マニ）や、ミトノマグハヒ（三十ノマグハヒ）の如きものであって、この点は十分に注意しなければなるまい。フトノリト（二十のりと）もそうであれば、ヨモツヒラサカ（四百っ平坂）も同様である。くどいようだが仏典、聖書等も同様である。

左廻りと右廻り

そしてこの千座の中の五百五十は左り廻りであり四百五十は右廻りで、丁度男ネヂと女ネヂの如き形におかれその各々の動きをしているものである。神典中のイザナギ（男）イザナミ（女）命が、天之御柱をめぐる記述と同じ形と動きをもっているものである。書記には、この原理を便ちおのころ島を以って図の中の柱として、陽神（イザナギ）は左よりめぐり、陰神（イザナミ）は右よりめぐり、国の柱を分巡（めぐ）りて、同じ一面（ひとつおもて）に会ひ給ひき―。云々と示してある。

又フトマニと共通義をもつフトノリトは本図の外周に現われた父（カゾ）と母（いろは）を合せたノリトである、具体的に云うならば、ヒフミヨイムナヤコトモチロラネ……のヒフミと、いろはにほへと……の、いろはをのりあげることである法華経（観普賢ボサツ行法経）には、台の中に一の七宝（7×7＝49、即ち五十の用）の蓮華しゅあり、その蓮華しゅは百法（第一図の外周）を以って共に成ぜり、その蓮華しゅは是れ太摩尼（神典のフトマニ）なり、一人のボサツあり、結かふ坐せり、名を普賢（数の用）という、身白玉の色にして五十種の光（0から99までの奇数色（100から2までの偶数）あり―云々と示してある。

マニとは何のことか？

これを更に判り易く図解するならば第六図の如くに省略表示することが出来る。

この図は天（父）の座五〇、地（母）の座五十であって、天の座を十に分け、地の座も十に分ける、即ちフトマニ（二十区劃）するわけである、その一劃一劃に基本数たる5を記入する、これによって天の座は1から50に到り、地の座は逆に極数で99から始まり50に終っている。（次号につづく）

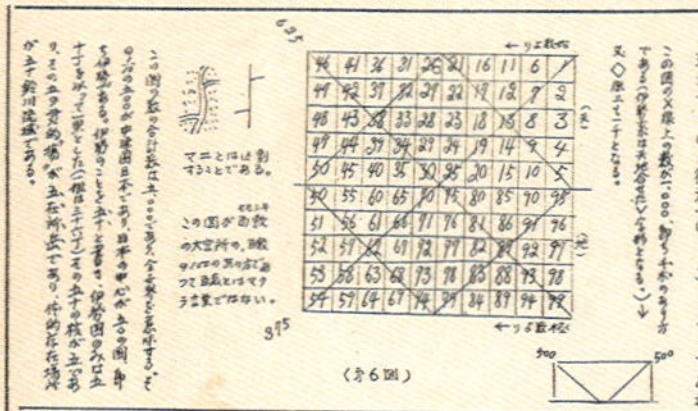

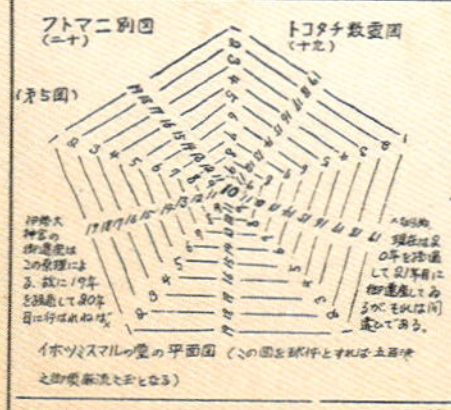

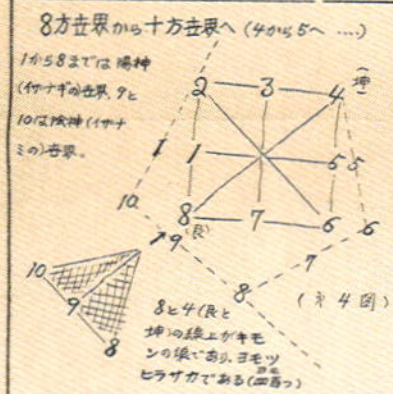

救ひの神様

八百屋に行ってノコギリを求める人もなければ歯科医に行って腹痛を治してくれと云う人もいない。しかし、どんな神様や仏様でもお願いさえすれば何でも聞きとどけてくれるように思っている人が多いようだ。神様にもそれぞれ専門があるのだと云へば、殆んどの人がふき出して小馬鹿にする。

ところが、実際はそうではなく神様にも仏様にも、それぞれ専門があるのです、百貨店のような場合も、ないではないが、求めることと、お願いすることがハッキリしているならば専門店に行くべきでしょう。

日本の古典を見ますと「日本人が非常に困った際、特にお願いする神様」のことが明記されている。日月地聖典の示すところによると「この神（日月地大神）はオホカムツミの神とも現われるぞ」とある。古事記を見ますと、伊邪那岐神が黄泉国から帰る際に「ヨモツヒラサカに到る時にその坂本なる桃の子を三っとりて、待ちうち給ひしかば悉に逃げ返りき。ここにイザナギの命、桃子に宜り
く、汝吾を助け
葦原中国（日本）
らゆるうつくしき
草（人民）の苦瀬
ちてくるしまむ時
けてよ、と告りた
てオホカムツミ（
加牟豆美）の命と
名をたまひき」と
してあります。先
事本紀もこれと略
様に記述してある
日本書記には「桃
をとりて雷になげ
たまひしかば雷等
げ走りき、これ桃
ひて鬼（あしきも
をさくることのも
り」と記してあり
これは神様の約
あるとも云へる。
り「日本人（この
葦原中国と制限）が、
あらゆる苦難にあった
際は、この桃子（オ、
カムツミの命）にお願
ひしたならば必ず助け
て下さる」と云うこと
である。このことは日
本人が非常な苦境に悩
む時がある―と云う予

天明水墨

原真

（かたうた）
鈴鹿なる山なかに
神よばふ君や
数霊を解き明か
猜せに猜する君
字に移すとその数
命けづらす

ら山田氏参拝、直会後天明師の「岩戸ひらきの秘義」に関する講話があった。

感謝録（敬称略）

（東京）楢橋正明（熱海）山田（名古屋）牛田富康、黒羽保、中陣松明、村瀬義男、奥島観吉、洞口（岐阜）長谷川拾玖男一家、種橋伊太郎、遠山彰一族上野一郎（重）堀鋭男

後記

▽三十八年を迎えて本紙は二百十三号を重ねた▽休刊のやむなき月もあり、改題でおくれ

にして下さい。いきなり押しかけて来て"奉仕してやる"は、困ります▽伊藤日寿君は当分の間東京方面で活動することとなった▽本号掲載の数霊図は次号の本文にも関係がありますので御保存を願ひます▽又本紙を二部以上お送りした場合は知友の方々にお送り下さい▽どうしたわけだか此処の所、昇天する会員が多い、西林秀夫氏（三重）梶原天開氏（横浜）佐藤雅雄氏（東京）等、謹んで弔意を表します（元田亭陽）

節分大祭

時・卅八年二月三日午前十一時から
所・北伊勢、大奥山、極宮殿にて
▽宿泊御希望の方は天明居まで御申込み下さい（ヒトカタ祓はなし）

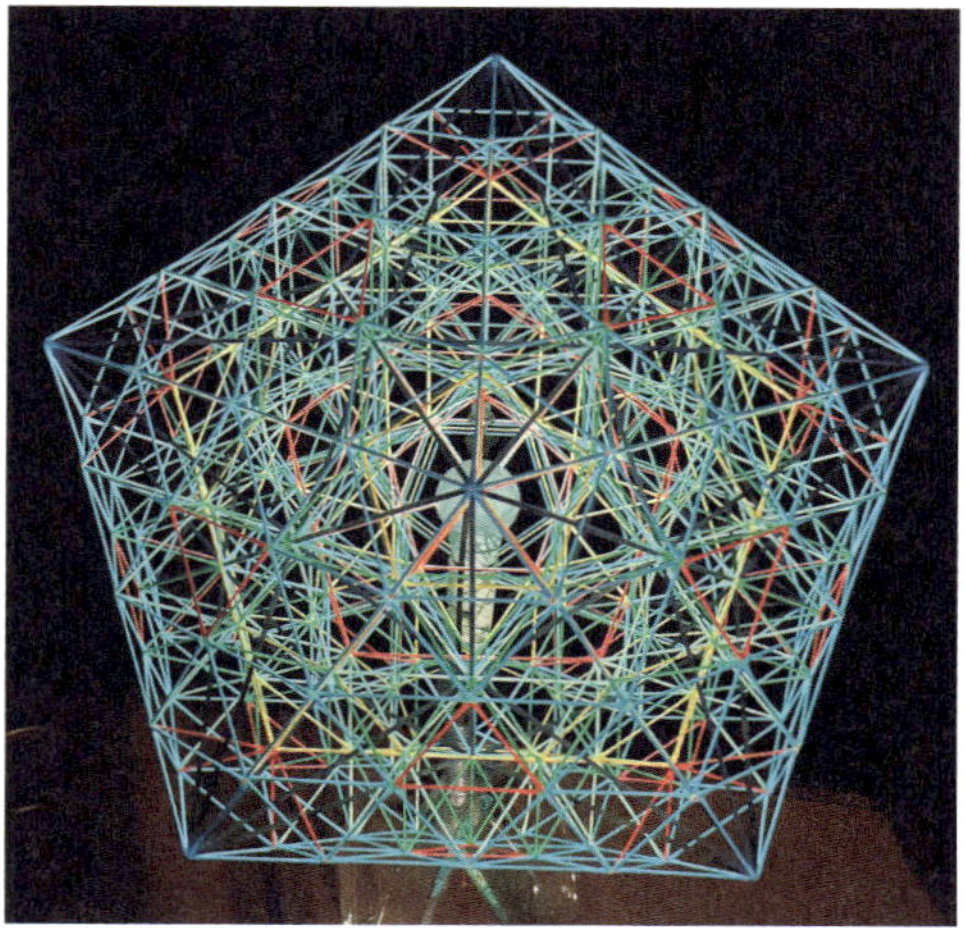

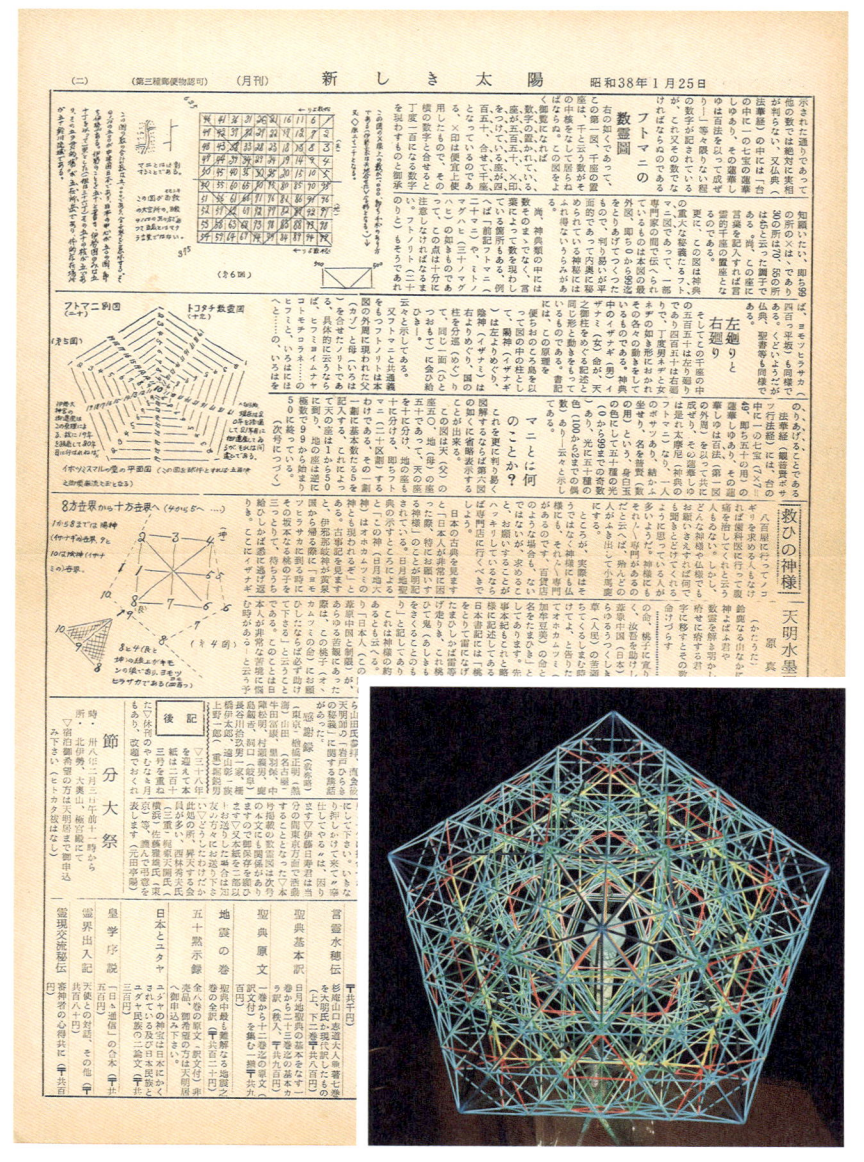

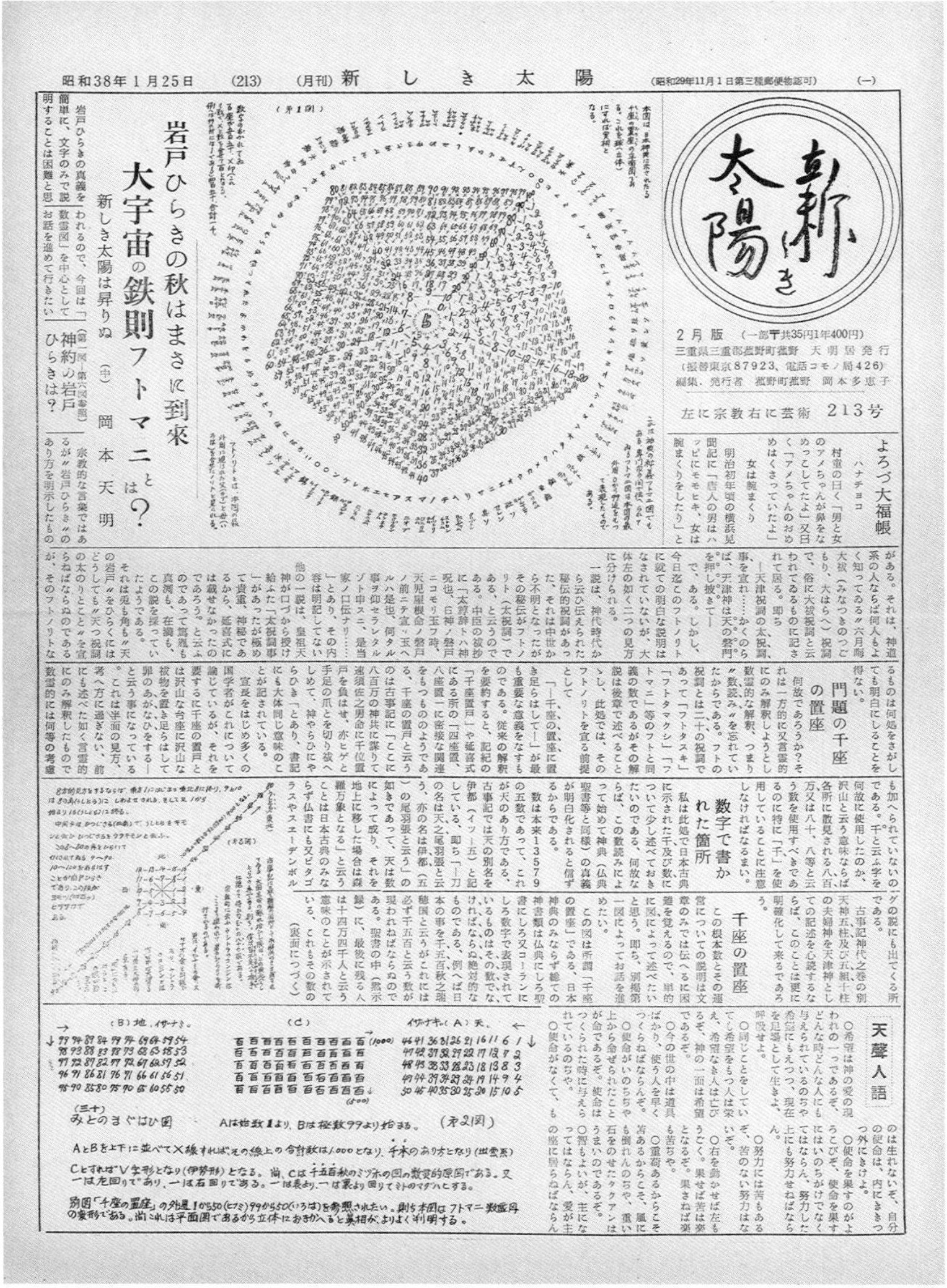

昭和38年1月25日　(213)　(月刊) 新しき太陽　(昭和29年11月1日第三種郵便物認可)　(一)

新しき太陽

2月版　(一部〒共35円1年400円)
三重県三重郡菰野町菰野　天明居発行
(振替東京87923、電話コモノ局426)
編集.発行者　菰野町菰野　岡本多恵子

左に宗教右に芸術　213号

岩戸ひらきの秋はまさに到來
大宇宙の鉄則フトマニとは？
新しき太陽は昇りぬ (中)　岡本天明

岩戸ひらきの真義を簡単に、文字のみで説明することは困難と思われるので、今回は「数霊図」を中心としてお話を進めて行きたい（第一図―第六図参照）

神約の岩戸ひらきは？

宗教的な言葉ではあるが〃岩戸ひらき〃のあり方を明示したものがある。それは、神道系の人ならば何人もよく知ってゐる〃六月晦大祓（みなつきのつごもり、大はらへ）祝詞で、俗に大祓祝詞と云われてゐるものに記されて居る。即ち

—天津祝詞の太祝詞、事を宣れ……かくのらば、天津神は天の磐門を押し披きて—

で、ある。しかし、今日迄このフトノリトに就ての明白な説明はなされていないが、大体左の如く二つの見方に分けられる。

一説は、神代時代から云ひ伝えられた秘伝的祝詞があった、それは中世から不明となったがその秘伝がフトノリト（太祝詞）である、と云うのである。中臣の祓抄に「太諄辞ト八神呪也、曰神ノ磐戸ニコモリ玉フ時、天児屋根命ノ磐戸ノ前ニテ宣ッ玉ヘルハ是也、何タル事ヲ仰セラレタルゾト申スニ、是当家ノ口伝ナリ……」とあり、その内容は明記してない

他の一説は、皇祖天神が口づから授け給ふた「太祝詞事」があったが極めて貴重、神秘であるから、延喜式には載せなかったのであろう。と云ふのであって篤胤も真渕も、在満も、この説を採っていたようである。

それは兎も角も〃天の岩戸〃をひらくにはどうしても〃天つ祝詞の太のりとこと〃を宣らねばならぬのであるが、そのフトノリトなるものは何処をさがしても明白にしることを得ない。

問題の千座の置座

何故であろうか？それは一方的に又言霊的にのみ解釈しようとし数霊的な解釈、つまり〃数読み〃を忘れていたからである。フトの祝詞とは二十の祝詞であって「フトタスキ」「フトタマクシ」「フトマニ」等のフトと同義の数であるがその解説は後章で述べることゝし、此処では、そのフトノリトを宣る前提として

「—千座の置座に置き足らはして—」が最も重要な意義をなすものである。従来の解釈を要約すると、記紀の「千座置戸」や延喜式にある所の「四座置、八座置」に密接な関連をもつもののようである、千座の置戸と云うのは古事記に「ここに八百万の神共に謀りて速須佐之男命に千位置戸を負はせ、亦ヒゲと手足の爪とを切り祓へしめて、神やらひにやらひき」とあり、書記にも大体同じ意味のことが記されている。

宣長をはじめ多くの国学者がこれについて論じているが、それを要するに千座の置戸とは沢山な台座に沢山な祓物を置き足らはして罪のあがなひをする—と云う事になっている。これは半面の見方、考へ方に過ぎない、前にも述べた如く言霊的にのみ解釈したもので数霊的には何等の考慮も加へられていないのである。千と云ふ字を何故に使用したのか、沢山と云う意味ならば各所に散見される八百、万又は八十、八等と云う数を使用すべきであるのに特に「千」を使用していることに注意しなければなるまい。

数字で書かれた箇所

私は此処で日本古典に示された千及び数についで少し述べておきたいのである、何故ならば、この数読みによって始めて神典（仏典聖書等と同様）の真義が明白化されると信ずるからである。

数は本来13579の五数であって、これが天のあり方である、古事記では天の別名を伊都（イッ—五）と記している、即ち「一刀の名は天之尾羽張と云う、亦の名は伊都（五）の尾羽張と云う」の如きであって、天は数によって成り、それを地上に移した場合は森羅万象となる」と云うことは日本古典のみならず仏書にも又ピタゴラスやスエーデンボルグの説にも出てくる所である。

古事記神代之巻の別天神五柱、及び五組十柱の夫婦神を天津神としての記述を心読するならば、このことは更に明確化して来るであろう。

千座の置座

この根本数とその運営についての説明は文章のみでは伝へるに困難を覚えるので、単的に図によって述べたいと思う。即ち、別掲第一図によってお話を進めたい。

この図は所謂「千座の置座」である、日本神典のみならず総ての神書類は仏典にしろ聖書にしろ又コーランにしろ数字で表現されているものはその数でなければならぬ絶対的なものである、例へば日本の事を千五百秋之瑞穂国と云うがこれには必ず千五百と云う数が現われねばならぬのである。聖書の中（黙示録）に、最後に残る人は十四万四千人と云う意味のことが示されている、これもその数の

(裏面につづく)

よろづ大福帳
ハナチヨコ

村童の曰く「男と女のアメちゃんが鼻をなめっこしてたよ」又曰く「アメちゃんのおめめはくさっていたよ」

女は腕まくり

明治初年頃の横浜見聞記に「唐人の男はハッピにそそヒキ、女は腕まくりをしたり」と

天聲人語

○希望は神の愛の現われの一つであるぞ、どんな時どんな人にも与えられているのぢゃ、希望にもえつつ、現在を足場として生きよ、呼吸せよ。
○同じことをしていても希望をもつ人は栄え、希望なき人は亡びるぞ、神の一面は希望であるぞ。
○今の世の中は道具ばかり、使う人を早くつくらねばならんぞ。
○使命がいのちぢゃ、上から命ぜられたことが命であるぞ。使命はつくられた時に与えられているのぢゃ。
○使命がなくて、ものは生れないぞ、自分の使命は、内にききつつ外にきけよ。
○使命を果すのがよろこびぞ、使命を果すにはいのちがけでなくてはならん、努力した上にも努力せねばならん。
○努力には苦もあるぞ、苦のない努力はないぞ。
○右を動かせば左もうごく。果せば苦は楽となるぞ。果さねば楽も苦ぢゃ。
○重荷あるからこそ、風にも倒れんのぢゃ、重い石をのせたタクアンはうまいのであるぞ。
○智もよいが、主になってはならん、愛が主の座に居らねばならん

(B) 地、イザナミ。　(C)　イザナギ（A）天、

99	94	89	84	79	74	69	64	59	54
98	93	88	83	78	73	68	63	58	53
97	92	87	82	77	72	67	62	57	52
96	91	86	81	76	71	66	61	56	51
95	90	85	80	75	70	65	60	55	50

百	百	百	百	百	百	百	百	百	百 (1000)
百	百	百	百	百	百	百	百	百	百
百	百	百	百	百	百	百	百	百	百
百	百	百	百	百	百	百	百	百	百
百	百	百	百	百	百	百	百	百	百 (500)

46	41	36	31	26	21	16	11	6	1
47	42	37	32	27	22	17	12	7	2
48	43	38	33	28	23	18	13	8	3
49	44	39	34	29	24	19	14	9	4
50	45	40	35	30	25	20	15	10	5

(三十)
みとのまぐはひ図　Aは始数1より、Bは極数99より始まる。　(第2図)

AとBを上下に並べて×線すれば、その線上の合計数は1,000となり、千木のあり方となり（出雲系）

Cとすれば∨字形となり（伊勢形）となる。尚、Cは千五百秋のミヅホの国の数霊的原図である。又一は左回りであり、一は右回りである。一は表より、一は裏より回りてミトのマグハヒする。

別図「千座の置座」の外周1から550（ヒフミ）99から550（いろは）を参照されたい。則ち本図はフトマニ数霊円の変形である。尚これは平面図であるから立体におきかへると真相が、よりよく判明する。

岡本天明氏が発行していた『新しき太陽』（昭和38年発行・第213号）と、トッチ氏制作の五角形（正12面体・正20面体）をベースにした立体。

画家としても知られた岡本天明氏のクレパス画。

目次

第1部

量子が働くフィールド「神聖幾何学」は、自然界全てと共鳴する増幅装置であり、加速器であった！

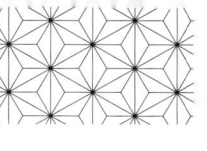

第２部

平面から立体へ――宇宙の法則を説き、人々の意識を起こす「日月神示」からのメッセージ！

カバー・本文扉デザイン　吉原遠藤
校正　麦秋アートセンター
編集協力　宮田速記
図版作成　波琉木
図版協力　折口十一
カラーページ神聖幾何学立体制作・監修　トッチ
本文仮名書体　文麗仮名（キャップス）

【第1部】

量子が働くフィールド「神聖幾何学」は、自然界全てと共鳴する増幅装置であり、加速器であった！

日月神示・複々立体の謎と神聖幾何学（1）

2023年11月3日（金・祝）
於・ヒカルランド・イッテル本屋

石井（ヒカルランド社長）　みなさま、本日はイッテル本屋を訪れてくださいましてありがとうございます。

ここにいらっしゃる方は大抵トッチさんを知っていらっしゃるということで、非常に勇気ある魂の方々ですね。

ここに「宇宙の真理」がさりげなく置いてあるけど（2・3、6・7ページ）、これを見ても動揺しない人は、僕はすごいと思います。はっきり言って、僕はちょっと逃げました。これを知っちゃったら自分の経済活動のすべてが終わっちゃうんじゃないかと思って。

徳間書店時代を含めると、本を千数百冊出してきました。この日本にとてつもない秘密が隠されているに違いない、本の中にその断片でもあれば、それは大切な本だと思ってつくり続けてまいりました。

その中の一冊、「日月神示《ひつきしんじ》」をトッチさんがキャッチしてくださって、今日ここまでになってきたんだなと思うと、やってきてよかったなという気がいたします。

今日は、まさにそのきっかけとなった「日月神示」の第一人者、黒川柚月《くろかわゆつき》先生もこちらにお招きしております。

神示を降ろした岡本天明さんは「日月神示」に示されたコアな秘密を一生懸命突き詰めようとして、いろいろな研究を文献として残してきましたけど、黒川先生はそれを読んでもどうしてもつかみきれなかった。そのとき、トッチさんの本にめぐり合った。そこで、ぜひトッチさんにお会いしたいということで、今日、この会が実現する運びとなりました。

みなさまに紹介いたします。黒川柚月先生。（拍手）

続いて、トッチさんです。（拍手）

お二人の先生、本日はよろしくお願いいいたします。

日月神示の聖地「麻賀多神社」で岡本天明氏と面識のあった方々と出会う！

黒川柚月　まず、自分はいかにして今日ここに座るに至ったか、から説明させていただきます。

先ほどご紹介いただいたように、私は、「日月神示」を知ったのがきっかけで、平成2年、岡本天明*注1さんが戦後の数年間、住んでいらっしゃった千葉県の成田市台《だい》方《かた》の麻賀多《まがた》神社にはじめて参拝しました。当時の麻賀多神社の境内《けいだい》は鬱蒼《うっそう》とした鎮守の杜《もり》の雰囲気があり、拝殿の脇に神社の由来を記した説明板があって、神社の縁起や御祭神の稚産霊命《ワカムスビノミコト》の御神名が記されていました。

もともと歴史好きで、麻賀多神社の雰囲気が気に入り、それからひんぱんに通いました。

神社に伝わる神代文字《かみよもじ》の縁起も見せてもらいました。オカルト雑誌『ムー』や、徳間書店の『謎の神代文字』（佐治芳彦著）を読んで、日本には神代文字があるとは知っていましたが、神社で実物を見たのもはじめてで、びっくりしました。

戦後、天明さんが千葉県に住んでいたとき、天明さんと面識のあった方が、当時はまだ何人か存命でした。麻賀多神社に通ううち、宮守の藤崎さんから天明さんを公津《こうづ》村に迎えた村長の息子小川源之助さんを紹介していただいて、小川家にも遊びに行くようになりました。行くと、日常的な話がほとんど天明さんの思い出話でした。

千葉県の片田舎である印旛《いんば》郡公津村台方（現・成田市）に岡本天明が神様に呼ばれてやって来て、麻賀多神社裏に住むようになってから、天明さんの関係で全国からいろんな人が集まってきた。終戦直後の混乱でまだ世間が大変な時代に、東京から黒塗りの車が来て農道に縦列駐車していたり、人力車を用意してもらって駆けつけたり、普通の田舎ではあり得ないような不思議なことが起きて、村人たちも目を丸くした。でも、小川家のような代々庄屋を務めた家は権威があったので、地元民も天明さんを受け入れて話を聞いていたのです。

当時の農家は離れ家を持っていて、小川家の離れの部屋の内側にビロードの幕を張り、真っ暗にした中で心霊実験もやっていますが、最近はあまり聞かないですが、昔はテレビでもよく心霊実験をやっていました。真っ暗にした部屋でレコードをかけると、霊媒に幽霊が懸《かか》るのです。当時は物理現象があり、幽霊が実体化して目の前にあらわれるんです。メガホンが空中にプカプカ浮いて人の頭をポンポン叩いた心霊実験の経験とか、そういう変な話ばかり、じかに聞きました。

いろんな話を聞かせてもらいましたが、関係者の方々も高齢でどんどん亡くなっていきました。終戦直後のエピソードは、当時はレコーダーもないし、本にもなってないですから、天明さんの活動は記録がほとんど残っていません。私がまとめて残さないと、岡本天明という人の業績が煙のように消えるのかなと思いました。平成に入り「日月神示」は有名になったのですが、それを取り次いだ岡本天明さんの業績は、当時、あまりにも知られていなかった。

私はいろんな人から天明さんのことを聞いたので、それをまとめて岡本天明の評伝という形で残したら、有名になった「日月神示」が降ろされた背景もわかるのではないかと思い、まとめさせていただきました。それまで本なんて全く書いたことがありません。読書感想文も下手で、書けないタイプの人間だったのですが、数年かけて書きまして、紆余曲折《うよきょくせつ》を経て、2012年、ヒカルランドからついに刊行されました。(『「日月神示」夜明けの御用　岡本天明伝』〈以降『天明伝』と表記〉)

私が「日月神示」を知った当時は、「日月神示」刊行本も手に入らなかった。「日月神示」の名前は知っていたけれど、読みたくても、当時は本屋に売っていなかったのです。天明の奥さんの岡本三典《みのり》さんが私家版で刊行され、直接注文しないと買えない本でした。自分は、至恩郷《しおんきょう》(天明さんが移り住んだ三重県菰野《こもの》町の地)の最後の在庫を三典さんから譲っていただきました。その後、徳間書店から中矢伸一さんの本(『日月神示』)が刊行され、一挙に有名になりました。

私は、天明さん自身に光を当て、『天明伝』をまとめました。戦前、天明さんは大本教《おおもと》＊注2にいて、そこで機関紙の記者を担当された。それを見ると岡本霊祥の名で比較的出てくるし、自らも投稿しており、戦前の資料は意外とありました。戦前の話は資料からまとめ、終戦直後の話は実際に聞いた話から構成しました。あとは、天明さんが書き残した機関紙から構成して、天明さんの人生をまとめたつもりです。

＊注1　岡本天明
　明治30年（1897年）生、昭和38年（1963年）没　岡山県倉敷市玉島生まれ。裕福な庄屋の家に生まれたが、少年期に父親が家業に失敗して財産を失い故郷を出る。絵の才能はこの頃から評判になっていた。19歳で神戸にて大本教に入信する。大阪・梅田の大正日日新聞付き記者をしていた折に鎮魂修行で有名になり、霊媒をまかされ、各地の心霊現象を取材する。大正10年、第一次大本事件後も大本教関連で全国放浪生活をした。昭和5年、出口王仁三郎《でぐちおにさぶろう》の婿《むこ》の出口日出麿《ひでまろ》の差配で上京し、人類愛善新聞の記者となる。第二次大本事件で失職後は、差別され仕事に就けず、20歳下の佳代子夫人がホステスをして天明を養った時期もあった。画家や片歌の師匠として生活が安定した矢先、戦争の物資不足の中、出征した宮司の代わりに東京・千駄ヶ谷の鳩森八幡神社の留守神主として着任

する。昭和19年6月10日に、千葉県成田市公津の麻賀多神社の境内で天明自身30年ぶりの強い霊現象を受けて日月神示が降ろされた。

＊注2　大本教と出口王仁三郎

明治4年（1871年）生、昭和23年（1948年）没　本名、上田喜三郎。京都府亀岡市穴太《あなお》生まれ。

明治31年、神秘体験から近郷の高熊山《たかくまやま》の岩窟《がんくつ》に1週間籠もり修行する。京都・綾部の出口なおと出会い合流して大本教の基礎を築き、養子として出口王仁三郎となる。若狭湾沖の冠島、沓《くつ》島へ神開きして、龍宮乙姫と艮《うしとら》の金神《こんじん》を迎え祀る。大正時代になると知識人の参加と信徒数が爆発的に増えたが「江戸は元のススキ野になる」などの予言を発して、国家から二度の大弾圧を受ける。第一次大本事件の渦中に、のべ81巻83冊の『霊界物語』の口述を開始する。ファッショ世界改造運動「昭和神聖会」運動が当局を刺激して、昭和10年12月8日に第二次大本事件が勃発《ぼっぱつ》し、6年8ヶ月にわたる監禁生活を過ごし、昭和17年、治安維持法無罪で釈放される。残りの時間を、常識破りのビビットな色目の楽茶碗《らくちゃわん》（耀盌《ようわん》）作りや、但馬の鉢伏《はちぶせ》山開き、亀岡、綾部の両聖地の復興に情熱を傾け濃厚に過ごしたが、脳溢血《のういっけつ》で倒れ、1年半後に亡くなった。

クレパス画でも知られる岡本天明は武智時三郎の「数霊学」と「立体の世界」に深くのめり込んでいた!?

黒川　天明さんは昭和28年に千葉から岐阜に移って、さらに昭和30年に三重県菰野に移ったあとに、天明本人としての集大成の活動に入った。

昭和34年、クレパスの抽象画を描き発表して、宗教界よりも美術界からシュールレアリズムの見地で好評を得ていたのです。画家としての岡本天明も知られる存在になった（岡本天明氏のクレパス画・16ページ）。

実はもう一つ天明さんの活動が、数霊学《すうれいがく》*注3と立体の世界でした。ご神示でも「平面から立体へ」という言葉があって、私も言葉は知っていました。だけど、天明さんがどうして立体と言ったのか、今まで考えたことがなかったのです。立体に関する経緯を追うと、昭和25年から言っている。

そなたが神つかめば、神はそなたを抱くぞ。神に抱かれたそなたは、平面から立体のそなたになるぞ。そなたが有限から無限になるぞ。神人《かみひと》となるのぢゃ。永遠の自分になるのであるぞ。

第二十四巻「黄金《こがね》の巻」第九十三帖

平面の上でいくら働いても、もがいても、平面行為で有限ぞ。立体に入らねばならん。無限に生命せねばならんぞ。立体から複立体、複々立体、立々体と進まねばならん。一から二に、二から三にと、次々に進めねばならん。進めば進むほど、始めに帰るぞ。丶に到るぞ。立体に入るとは誠の理解生活に入ることぞ。無限に融《と》け入ることぞ。イワトあけなば富士輝くぞ。弥栄々々。

第二十四巻「黄金の巻」第百帖

戦時中に降ろされた「松の巻」にも「立体」という単語は出てきます。

早く早くと申せども、立体の真道に入るは、小我《われ》死なねば、大我《われ》もなき道ぞ、
第十一巻「松の巻」第二十四帖

神示の原文は漢数字と仮名とを混ぜた暗号みたいな文章で、全体的には比較的読めますが、ところどころに、全て数字と記号の羅列で書かれた暗号みたいな箇所があり、降ろされた当初、それは読めなかったのです。それを解読するのに10年以上かけ、昭和28〜30年ごろ天明さんが岐阜に住んでいた時代に天明第一仮訳として解読したのが、今、出回っている「日月神示」の元です。松の巻の記載は、読めなかった部分に「立体」と挿入されたこともわかった。

実際は昭和25年から、天明さんは「平面から立体へ」という認識を持っていた。どうしてそれを言い出したか、まだ未解明の部分もあります。＊注4

昭和30年、天明さんが三重県菰野町に移ったあとは、クレパス画を描く作業と同時に、五十黙示録《いせもくじろく》の神示を降ろし、数霊や立体世界の研究をされた。いろいろ試行

錯誤されて、数霊学という形にまとめていました。

「数霊」のジャンルは、スピリチュアルの世界でも知られた概念ですが、ルーツは大正時代の友清《ともきよ》歓真《よしさね》（宗教・神道天行居《しんどうてんこうきょ》の創始者）のあたりからの言い方で、易《えき》とか、東西の占星術などの歴史にくらべると全く新しい分野です。数霊学を日本で最初に体系化したのは武智《たけち》時三郎《ときさぶろう》です。*注5 武智が天明さんを菰野に呼んだ張本人でした。

戦前、武智が外部に公表しない形で研究した数霊学を、当時の占い師が門人になり学び、戦後、世に知られるようないろいろな占いに展開していったそうです。

同時に、天明さんも菰野で武智時三郎の数霊学の勉強をして、それも加味しながら『古事記数霊解序説』（八幡書店から復刊予定）を刊行しました。

*注3　数霊学はアルファベットに数字を割り振り、同じ数値と同義とした西洋の数秘術の翻案《ほんあん》と思われます。

*注4　天明さんは昭和25年から請われて岐阜に通っていたことや、岐阜に住んでいた武智時三郎が翌26年に麻賀多神社に参拝しているので、元大本教の人脈ですでに天明さんに白

羽の矢を立てていたのかもしれない。

＊注5　武智時三郎

明治17年（1884年）生、昭和35年（1960年）没　号：松翁、竹雷。愛媛県温泉郡荏原村生まれ。

大本教信徒で支部長も務めたが、愛媛県松山在住時代に数霊学を大成して、その成果を世に問うために昭和10年代に一家で上京する。生活は困窮したが、世の占い師たちがこぞって入門し、数霊学を武智から学んだという。戦時中は岐阜に疎開して、昭和22年に三重県菰野に移住。開墾生活をするが、無理が祟《たた》り脳溢血で倒れ、後継者に岡本天明に白羽の矢を立て、昭和30年、天明を菰野に招聘《しょうへい》した。武智時三郎の数霊学は、岡本天明、内山智照、岡本安出《あでる》、小笠原孝次、小田野早秧《おだのさなえ》、安井一陽、大塚迦与らに影響を及ぼしている。

言霊学《げんれいがく》の小笠原孝次が、よく知られるようになりましたが、彼の言霊学の体系も言霊百神の概念をはじめ、武智時三郎が考察したものです。武智時三郎自身は、門人への教授は熱心でも、研究成果をまとめようとする意識はなく、業績として残す意識もなかったようで、代わりに門人たちが書いた本が、今残っています。

九星魔方陣とは⁉ 正式な二、四、八拍手から なぜ岡本天明は「五拍手」へ切り替えたのか⁉

黒川　神社に参拝するとき、普通は二拝二拍手で神拝《しんぱい》します。「日月神示」には八拍手すると書いてあります。出雲大社は四拍手なのは有名です。八拍手は伊勢神宮にありますが、他の神社で普通は打たない拍手です。昔の作法は有職故実《ゆうそくこじつ》と言いますが、神拝作法を見ると、拍手は2、4、8、16、32、64と倍数になる。拍手の数が多くなるほど高い神に対する拍手になります。

戦前は両段《りょうだん》といい、二拍手を2回繰り返す祭式で、現在は旧祭式と呼ばれます。二拝して二拍手打って、その後、祝詞奏上《のりとそうじょう》・祈願をして、また二拍手を打って二拝する。鏡開きの原理で対称に2回修める。有職故実の神拝作法は歴史上では、吉田白川家といった神祇所作《じんぎしょさ》を司るお公家《くげ》さんたちが伝えた所作です。両段再拝（二拝二拍手を繰り返す）の旧祭式は明治末年から戦時中までは、神社神道の祭式でしたが、戦火がひどくなり、政府から戦時下における万事簡略化を言い出したのです。神社の所作も簡略化しろという話になったわけです。拍手をやめて、昭和17年末から社殿の前で拝をするだけに変更になりました。

なぜ神前の拍手が廃止されたかの背景には、以前から天皇が神社に親拝《しんぱい》しても社頭《しゃとう》で拍手を打たなかったからです。天皇→軍人→一般人の格付けで、天皇の真似をしたいという軍部の意向が強かった時代、そういう方向に流れてしまった。当時、神社が神拝作法を省略したことを、岡本天明が批判する文章を書いたことを、『天明伝』の増補改訂版に掲載しました。

幕末、長州藩や江戸幕府は兵制改革の近代化から西洋式を取り入れたのを嚆矢《こうし》に、明治政府は欧米標準のキリスト教由来の儀礼に合わせます。天皇をはじめ要人は、夫婦同伴で世界の要人と会合し、一方で古来の座礼《ざれい》の神道所作には、当時の外国人は対応できなかった。明治時代の正装は、帽子をかぶり大礼服を着て手袋を着ける。礼拝には脱帽して小脇に抱えるから、この格好で拍手は打てない。軍服も同じくです。明治政府の正式な儀礼の場では拍手は打てないので、昭和初期から官幣大社《かんぺいたいしゃ》（戦前の神社の社格において最上位の神社）では拍手を打たない者がいると神社界で問題視された風潮から、戦時中に簡略化されてしまった。

昭和21年に神社本庁、全国の神社を統括する宗教法人が設立されます。昭和23年の祭式改定で、現行の二拝二拍手だけにしました。それが現在まで続いています。天明さんや、大本教、教派神道は違った作法をしていると、今でもたまに言う人がいるのですが、実は大本教とか天明さんのほうが戦前の旧祭式を基にしている。それは先ほど言った二、四、八拍手で、天明さんは、クニトコタチとか最高神をお祀りするには、伊勢神宮でするような最高の儀礼で拝さねばいけないと、当時の国家神道の流れと逆に八拍手をしたのです（「節分からは八回拍手《かしわで》打ちて下されよ。」〈日月神示・第八巻「磐戸の巻」第十帖〉）。

しかし、菰野に移ったあとに、八拍手が五拍手になったと『天明伝』にも書きました。祭式が変わったのです。古いお弟子さんの風間奎作《けいさく》さんも、「天明さんが変えたから僕も五拍手に変えたんだ」と言われました。だけど、当時、なんで五拍手に変えたかは、実は誰もよくわからなかった。

先ほどの2、4、8……は、易理《えきり》です。東洋思想として古くからあります。5は全然違う体系です。一番わかりやすいのは九星魔方陣《きゅうせいまほうじん》です（43ページ・上）。魔方陣は、縦も横も斜めも足すと15になります。河図洛書《かとらくしょ》（43ページ・下）といって、神話の時代に黄河から上がった亀の甲羅《こうら》に、この図形が刻まれていたのを見て、伏《ふく》義《ぎ》（古代中国の伝説上の神または帝王とされる人物）が易をつくったと伝承があり

4	9	2
3	5	7
8	1	6

九星魔方陣

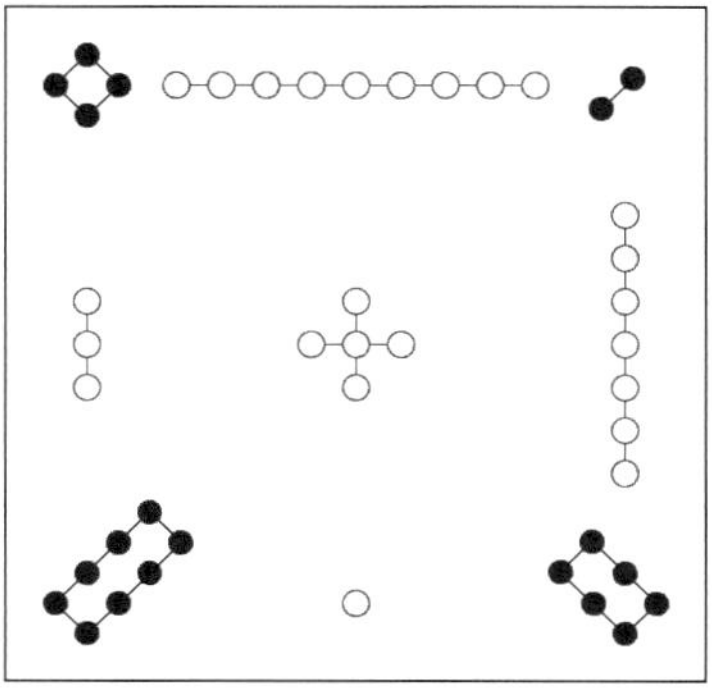

太占（河図洛書）

ます。

洛書の魔方陣の中心の５は、１は地で、９が天なので、天と地をつなぐ意味もあり、天明さんも五拍手に変更したと考えました。それしか考えようがなかったのです。そのあたりは自分の中でモヤモヤとしたまま時がたちました。

当時、天明さんが数霊学をやって、考察には五角形があった。図形で立体的に表現しようとしたのではないか。

天明さんが、昭和36年、研究をまとめた小冊子『古事記数霊解序説』（八幡《はちまん》書店より復刊予定）にまとめられています。天明さんは昭和30年代にはクレパス画を描いて、もう一方では図形と数霊を立体化することを、ずっと考えてきたのだろうと思います。

当時、天明さんの至恩郷の機関紙『新しき太陽』には、大きな数霊図が毎月掲載され（14・15ページ）、図形を総称して太古（フトマニ）というのですが、天の岩戸開きのためには、数霊図形の解明が必要という意識を持っていた。現在このあとを受け継いだ人はいません。難解過ぎて誰も受け継ぐことができませんでした。

衝撃！ トッチさんの本との出合いから五角形の謎が次々と解けだしていった……

黒川　私の中では、数霊や立体神聖幾何学の疑問は未解決のままだった。ヒカルランドから、題名に「日月神示」が入った本が多数刊行されていますが、私は知らずに本屋で実物を見て、題名と中身は関係あるのか？　という本もありました。

トッチさんの本も出ていることは知っていました。でも、送ってくれないし、また名前だけ使っているんじゃないのと（笑）。何かの拍子で『日月神示、マカバ、フラワーオブライフ　宇宙の最終形態「神聖幾何学」のすべて』の「9の流れ」1冊だけ購入したのです。

日月神示、マカバ、フラワーオブライフ
宇宙の最終形態
「神聖幾何学」のすべて
9［九の流れ］
平面次元を超えたとき、多次元の理解を通して
本当のアセンションがはじまる――
動いたものだけがたどりつける、神の学問・神聖幾何学の世界。
トッチ ＋ 礒 正仁

私は本を買っても未読のまま溜めてしまうので、トッチさんの本もずっと「積んどく（読）」でした。あるとき、なにげなく本を開いたら、五角形の図が３Ｄのように浮き上がってくる。それを見たときは衝撃で「なんじゃ、こりゃーッ！」（松田優作風に）と叫んでいました。

それから少したって、ヒカルランドでディジュリドゥ奏者のＫＮＯＢ《ノブ》さんが演奏されるイベントがありました。ＫＮＯＢさんと面識があったので、私も参加しました。そのとき石井社長が、「日月神示」の一節を参加者に選んでもらって、それをプロジェクターで映して、即興の音楽表現をするというイベントもあわせて開催されました。私が出席したからか、石井社長がいきなり「黒川さん、これはどういう意味ですか」とアドリブで振られました。

「ああ、これはこういう意味ですよ」と答えました。すると次に選ばれた一節に「平面から立体へ」と書いてある。「これはどういう意味ですか」と聞かれて、「それはトッチさんの本じゃないですか」と言ったら、社長が「えっ？」と言っている。

「これを選んだということは、もちろんトッチさんの本もここで売っているんですよね」と言ったら、「ありません。上の階にあります」と言うから、「ここに置かないとダメじゃないですか」とイベントの最中に言ったのです。

そこからトッチさんの本拠に呼んでいただく機会がありました。まだ神聖幾何学の入り口もわからない状態でしたが、トッチさんに会ったら、本で見た五角形のこともっと聞きたいと思いました。

明治時代に刊行された神代文字の起源を説いた『日本古代文字考』（落合直澄著）〈『幽真界神字集纂』八幡書店刊・所収〉は、フトマニのマチガタ（兆形・町形）から神代文字が発祥したとする説の書籍です。

この本のマチガタは、主に□と縦横・斜線から構成されます。この図形を町形といいます。フトマニとは昔の占いで、鹿の肩甲骨とか亀の甲羅をきれいに磨き、ハハカ木（ウワミズザクラ）を用意して、炭におこして、熱くなったところに骨や甲羅を置くと、熱でヒビが入ります。このヒビをマチ（町）といい、その形から吉凶を占います（甲卜《きぼく》・亀卜《きぼく》という）。

京都は碁盤の目になっています。あの碁盤の目が「まち（町）」の語源です。町の形だから町形です。昔、亀卜で占いをしたのですが、『日本古代文字考』を見ると、×と□が交互に構成されて、町形は複雑な形になっています（13ページ・上左）。これも不思議で、こんな図形は中世の陰陽道《おんみょうどう》や占いの資料にはありません。これは一体何か。マチガタから全ての神代文字が生まれたと主張され、片仮名も生まれたとされます、確かにウとかクなら図形に当てはまります。自然に出たヒビ割れの形から取り出して、片仮名が生まれたとする秘教的な神道説が、近世江戸時代に存在しました。それも含めてマチガタ図を立体としてとらえると何がわかるか、トッチさんの見解を聞きたいと望みました。

トッチさんにはじめてお会いして、ご挨拶も早々にしてお話を聞き、いろいろ神聖幾何学の初歩から説明していただけました。「はあ、はあ」と聞いていたら、次にトッチさんが「はい」と言ってベクトル平衡体を横から見たアングルを見せたのです。それは『日本古代文字考』のマチガタ図と同じ形でした（13ページ）。

そのとき、起承転結の原因と結果が逆転して、はじめに結果を見せられたので、次に私は何を聞けばいいのかとショックを受けました。非常に不思議な経験でした。

今回、みなさまの前でしゃべる内容をまとめようと思い、レジュメにしましたが、レジュメの構成も全部逆になってしまう。最後のページを最初に考え、これは最後だね、から始まり、前の部分をどんどん書き足していった。思考も逆転したのです。岡本天明さんは、いろんなことをご存知で、易とか、四柱推命《しちゅうすいめい》、数霊学、レイキ療法、なんでも詳しかったのです。それを直接受け継いでいる人はゼロでした。天明さんが書いたものだけは若干残って、これらの背景は一体なんだろうと疑問があったのです。それが今回のトッチさんとの出会いでわかってきた。

大石凝真素美と天津金木、それは実はベクトル平衡体のことを示していた!?

黒川　今回、自分がみなさんに話そうと思った課題は、岡本天明と神聖幾何学のもう一世代前の大石凝真素美《おおいしごりますみ》*注6の、天津金木《あまつかなぎ》の運用についてです。

天津金木とは色のついた易の算木《さんぎ》のようなもので（12ページ・上）、４つの面の展開です。易は実線と破線、陰陽の２つですが、天津金木は１から４まである。易は二進法と言われていますが、天津金木はいわば四進法です。

大石凝真素美は、言霊七十五音の「真澄の鏡」や人類地底発祥説など、エキセントリックな説を唱えています、今となっては、何を言っているかさえ判読が難しい部分が多いです。

実は今回のトッチさんとの御縁の前に、人智学《じんちがく》のルドルフ・シュタイナー創始の舞踏芸術であるオイリュトミーを日本に招聘し、第一人者でもある舞踏家・笠井叡《あきら》さんの天津金木講義を受ける機会がありました。ルドルフ・シュタイナーやオイリュトミーと西洋の霊統から影響を受けた笠井さんが、日本的な靈性を感じる大石凝真素美の天津金木の解説をする機会は、非常に興味深かった。

大石凝真素美の著書『大日本言霊』では、「此《この》六角切り子の玉。至大天球也地球也の御樋代也《みひしろ》」として、至大天球とは高天原《たかまがはら》で、地球（天動説だから宇宙の中心）の御樋代（伊勢の神鏡を入れる容器＝雛形の意味）として、七十五声の言霊を、十八稜《りょう》十四面体をなす「六角切り子の玉」（51ページ・左）に当てはめて説明を試みます。

当の大石凝は六角切り子から言霊の説明を試みるも、図版は説明のため立体から平面に分解され、図版の天地の四角形を見せるため、実際の上半分は上下逆につなげているので、平面で見てもベクトル平衡体をイメージができず、従来は意味不明でした。

六角切り子の玉とは本来は14面体で、ベクトル平衡体で立体として見ることを笠井さんが再発見したのです。

大石凝は、ベクトル平衡体を分解して

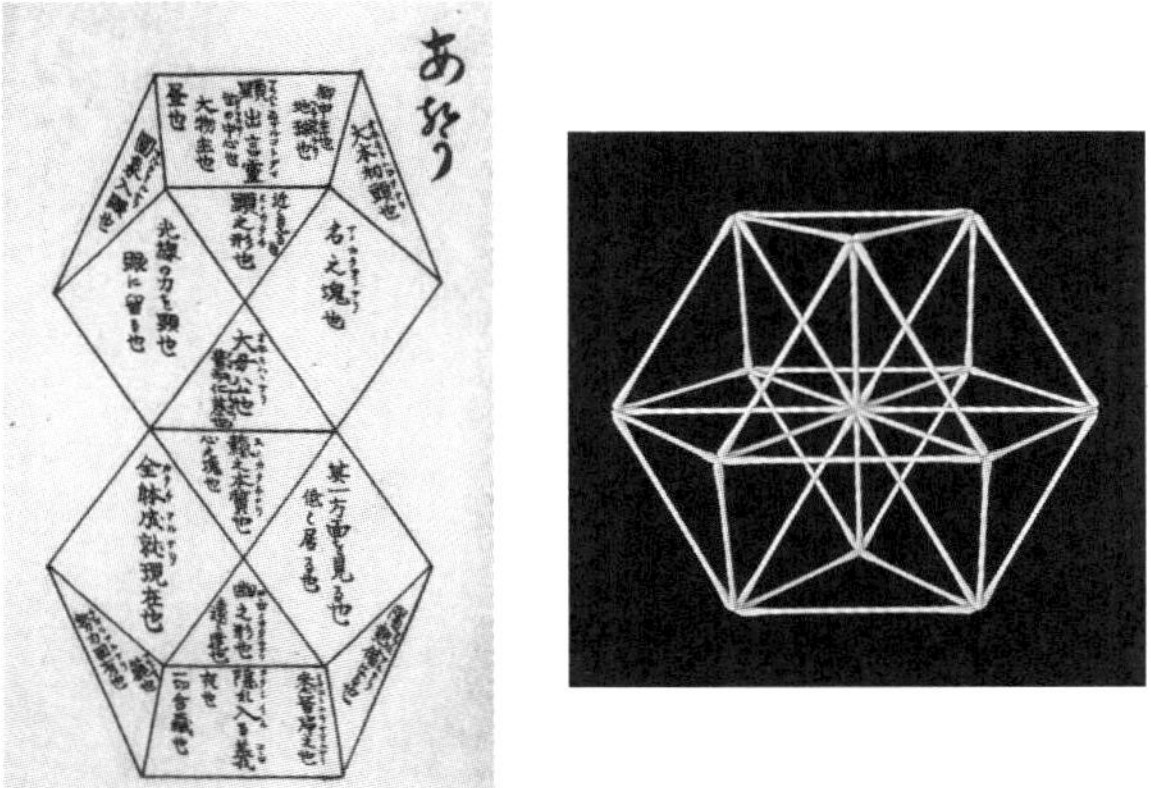

六角切り子の玉とベクトル平衡体

解説し、1面1面に言霊をあらわすことで、全部書いてあります。一方で、大石凝はベクトル平衡体＝14面体展開の仕方を間違えているわけで、ここからわかるのは、大石凝のオリジナルでなく、もとから存在した「六角切り子の玉＝ベクトル平衡体」を大石凝がどこからか借りたものだということです。＊注7

＊注6　大石凝真素美
天保3年（1832年）生、大正2年（1913年）没　本名は、望月大輔。甲賀忍者の望月党の末裔《まつえい》と思われる。

代々医師の家系で、一方修験の姿で多賀大社の御札を配ったという。祖父の望月幸智は医師で、言霊学の中村孝道《こうどう》の高弟《こうてい》でもあり、若くして祖父より言霊の薫陶《くんとう》を得ると同時に、国学や西洋天文学も学ぶも飽き足らず、幕末の動乱に日本を救う大神人がいるとはずだと、各地を放浪して美濃一宮南宮大社の社家《しゃけ》、鉄塔山の山本秀道《しゅうどう》に師事する。明治政府の神祇政策に異を唱え、証拠として「伊勢神宮炎上」を予言して政府要人に送りつけた、その後、内宮正殿が火災に見舞われ、予言的中したため、放火犯人と間違われて拘束されたこともあった。大本教の出口王仁三郎に多大な影響を及ぼしている人物。

＊注7　明治初期の全国に広まった富士講系統の丸山教がある。その「御宝伝」にサイコロ

の絵があり、丸山教祖の伊藤六郎兵衛《ろくろべえ》は御法（宝）伝の説明として、「碁、将棋、賽《さい》の図を描き、碁は一天四海《いってんしかい》の五、将棋は生気、（賽は人偏に西天の合体字を書く　黒川注記）、サイの音で西と開く。3つとも御法をあらわし弄《もてあそ》ぶものでないと戒《いまし》め、賽（サイコロ）の八隅を落として、もて遊ばぬようにとする。」『民衆宗教の源流─丸山教・富士講の歴史と教義』

八隅を落としたサイコロは14面体にあり、六角切り子玉（ベクトル平衡体）ではないか。六角切り子玉が大石凝真素美以前にさかのぼる傍証《ぼうしょう》である。

平面から立体へ——日月神示は神聖幾何学のことを述べていたことが明らかになった!?

黒川　私は古神道の所作作法も学ばせていただきました。今、神社では二拍手だけですが、二拍手でも、古く吉田神道では小・大と打つ音に強弱をつけ、白川流では天地と正中《せいちゅう》の上下で拍手を打ちました。密教では護身法と言いますが、平面から立体への世界観は、自分が立方体の中心に存在し、外側の面をバリアで包むのが本来の作法です。みなさん子どものときは、ウルトラマンになったつもりでバリアとか張ったと思いますが、まさにあのとおりです。

九星魔方陣も、図では平面ですが、実は立体なのです。ルービックキューブみたいに立体になっていて、５は中心、ルービックキューブの真ん中に５がある意識を持たないと、これから話す神道の作法も理解できません。

それを含め、平面から立体への世界観を解明されたトッチさんに、今回この場でいろいろ教わりたいと思います。

これまで、天明さんは平面から立体と主張していたこと、「日月神示」にも記載があるとわかっていたが、自分の意識では、雑音としてスルーしていました。トッチさんと会ってから意識が切り替わって、今までは関係ないと思っていた事象が、これは神聖幾何学のことではないかと思えるようになりました。資料の山の中に埋もれていた情報も、見直せば新たな発見に意識が切り替わります。

天明の『天使との対話』、ここで天使は平面の上のどうどうめぐりと多重的レベルの立体世界を天明に諭していた⁉

黒川　ここで天明さんの岐阜時代のエピソードとして、『天使との対話』（昭和28年）を取り上げました。天明さんが岐阜時代に体を壊して、胃の幽門狭窄《ゆうもんきょうさく》でかなり深刻な状態のときのことでした。意識が朦朧《もうろう》としている中、意識だけが霊界に行き、天使と会話したのです。天明さんは天使に文句を垂れましたが、逆に天使に説教されている。

善と悪について
天使「話はどうどうめぐりになってくる。果てしがないつまりお前の見方は平面的なのだ、わしの云わんとする所は立体的なのだ。平面的な事をいくらくり返してもそれは平面の上のどうどうめぐりに過ぎない何時迄《いつ》も善と悪がつきまとふ。立体に入らねば、お前の云ふ様な善も悪も無くならん」
天使「立体的な立場となれば立体世界が開けて来るから、平面的な対立的善と悪はそのままに働きながら、善も善ならず、悪も悪ならず何《いず》れも弥栄《いやさか》ゆく一つの現れとしてそのままで生きて行くのだ」

『天使との対話』岡本天明・昭和28年

天明さんは善と悪の二元論を平面でとらえているから、いつまでたっても見方の位置も変わらない。立体的、俯瞰《ふかん》的に見ないと見えてこないと天使に説教されています。

こういう形で、天明さんは立体とは霊界のいろんな段階になっているととらえて、現界と霊界とか異世界と段階的にとらえている。参考までに、中世の天動説では、月や金星、木星、土星を梯子《はしご》のように昇る一つの異界ととらえましたから、多重的レベルの立体と大きくとらえたと思います。

また、5を中心とした、九星の幾何学的な組み立ては、トッチさんが探求される世界に行き着くのでないでしょうか。

善、悪は古来より意図的につくられてきた!? 平面的意識に落とすことで人を動かし、管理がしやすくなる!?

トッチ　今回、僕は非常にうれしいです。こういう形で世に出しても、今まで拾ってくれる人すらいなかった。

でも、黒川さんがこれは、と思ってくれた、やっとそういうのがわかる人が出てきてくれたことが、僕は非常にうれしいです。

今までは、みんな拾えないから、一から説明しなきゃいけなかったんですよ。

僕が言葉にするのは簡単なんだけども、言葉で表現できない世界を言葉にしてしまうと、伝えられないんです。

例えば「日月神示」の中に、今までの学問ではダメだということも書かれているんです。今までの学校の教育のまま、知ろうとしても解けない。

多くの人は学校に通って、平面的な数字の教育を受けてしまう。

これは学校の先生とかが悪いわけではなくて、平面的な意識に落とすことで、逆に言うと管理がしやすくなる。2分の1の確率で人を動かすことができる。善と悪は、そのために意図的につくられた。

しかし、そういうふうにつくられたという仕組みを知っている人は、またいずれ立体の世界が始まることも熟知していたんじゃないかなと思うんです。

たぶん、はるか昔から仕組まれているお話で、たまたま僕みたいなのがこういうのをやらされる運命なのか、宿命なのかわからないですけど、そういう役だったのかなと思います。

僕はこういうのを学びに来てくださっている方たちに、こういう立体の交点のところに全部数字が入りますとお伝えしていますが、その前に構造を理解していないと、数字を入れることができません。

だから、多くの人がただ数字のほうから入ろうとしても知ることができない、知れないようになっている。要は、入り口が違うのです。

今テーブルの上に、先ほど黒川さんがお話しされていた天津金木があります(12ページ・上)。

この色の違い、4色(赤・緑・黄・青)を使っています。これは火と風と土と水です。それに対して側面は黒と白、つまり陰と陽です。4つのエネルギーに対して、さらに陰と陽をつけることで、八方となります。それがマカバとなっていくのです(12ページ・下)。

こういうお話を僕がみなさんに伝えようと思っても、みなさんが立体の世界を知っていないと、伝えることができない。伝わらないんです。

言葉や文章では伝えられない世界があるということに気づいてしまった。それから十何年もたちます。つまり、イッテル本屋さんでお話ししづらいんですけど(笑)、本当の世界を伝えようと思っても、文章では伝えることができないし、知ることができないということに気づいてしまう。

宇宙の仕組みが文字や言葉が生まれる前から存在しているとしたら、そのあとにできた言葉では説明のしようがない。

あらゆる国、地域に、みなさんが神として崇《あが》めているものがあると思うんです。場所によって、空気や重力によって、地域ごとに言葉も変わります。人の肌の色も変わる。目の色も変わる。

一つの丸い地球も、部分的にエネルギーが全部違うのです。だから、数字も変わってきます。でも、ところどころで共通する数字が使われていたりもする。

つまり、これは、今の地球のどういうところにエネルギーがあるかというお話と同じ話になってきます。

こういうことを本当に知ろうと思ったら、言葉では誤解を生んでしまう。

しかも、これも断面図にすぎないということに気づいてください。立体ということは、あらゆる角度にまた数字が入っていて、これだけでは拾えないものも、また存在しています。

こうして立体世界へ――9・11以後、「始まったから動き出せ！」と命令してくるやつが僕の中にあらわれた⁉

トッチ　もともとは、9・11（アメリカ同時多発テロ事件）ぐらいに僕の中で別な自分が出てきてしまった。

ニュースを見ていたら、「始まったから動き出せ」と命令してくるやつが僕の中にあらわれて、そこから顔も頭もおかしくなっていっちゃったのです。全然笑えません（笑）。

そのときに、卍《まんじ》などの世界中のシンボルを無意識に集めるようになっていった。

平面的なシンボルを集めていくうちに、例えば六芒星《ろくぼうせい》は字のごとく6ですが、卍は4だな、これは数字の配列なんじゃないかなと思ったんです。それらのシンボルは、本当は全部同じものなんじゃないかと思うようになった。

シンボルということは何かの象徴です。つまり、完全体ではないということに気づいたんです。

何か象徴的に表現されているものであって、本質的なもの、完全体ではない。完成していないものである。

だから、そこを突き詰めていったときに、もしかしたらこれは立体なんじゃないかなと思うようになって、そこから立体の世界を知っていこうと動き出すんですけど、いかんせん資料が出ていない。

立体の世界を知ろうとしても、結局、今、世の中が変わっていない。みなさんもお気づきのように、世界的にも妙な流れになってきていると思うんです。

実際にいろいろな山にこもって修行している人たちが世界中にこれだけたくさんいるのに、世の中が一向に変わらないということは、真実の世界は表に出ていないんだろうと僕は思ったんです。

それから情報がどんどんつながるようになってしまった。

僕は、日本の麻の葉模様、みなさんも知っている図柄が、昔からなぜか妙に好きだったんです。

子どものころに剣道をやっていたんですけれども、剣道の道着は刺し子で、有段者になると上下藍染《あいぞ》めの紺色ですが、入ったばかりのころは、上は白い道着です。

そこに紺色の藍染めの糸の刺し子で、さっき黒川さんがおっしゃった町形の模様（13ページ・上左）でした。そういうのも自分の中に全部集まるようになった。

こういう話はあまりしてきていませんが、ぶっちゃけた話、僕自身が神懸《がか》りみたいな状態になってしまって大変でした。

勝手にバーッとしゃべり出したりして、おかげで近くにいた人たちはみんな消えていきました。

今では、間違っちゃった人たちが、こうやって集まってきますけど（笑）、当時は何がなんだかよくわからない数年間を過ごしていた。

ひょんなことから麻の葉模様からベクトル平衡体ができてしまって、それ以後立体に憑依されてしまった⁉

トッチ　僕は横浜の港で働いていたんですけど、ちょうどリーマン・ショック（2008年）ぐらいのときで、横浜の港からコンテナが消えて、仕事がないから焼却炉でパレット（物流輸送に使用する、荷物を載せる台）を燃やしていた。

パレットをバラして焼却炉にぶっ込んで、火を見ているときに、なんだかすごいところに入ってしまいまして、いろんなビジョンを見るようになりました。仕事もやめました。

僕はそのとき、まだ今のような形にできていなかったんです。

情報自体はいろいろ集めるんだけれども、構造にできていない。

あるとき、それらがつながって、絶対に立体だという確信を持ったところから、ストローを使っていろいろ形にしたらどういうふうになるんだろうとやり始めたのです。

まず、麻の葉模様の絵を描いて、同じようにストローで組んでみて、さらに足りないところを線でつないだらどうなるのかなとやっていたら、間違えてベクトル平衡体ができてしまった。

それができたときに、なんじゃ、こりゃと思ってパッと見たら、そこには麻の葉模様でない模様が含まれている。つまり、見えていたものが、角度の違いでまるで変わって自分の意識に入ってきて、自分自身が相当衝撃を受けました（66ページ）。

今まで平面的にとらえていたものが、立体を通じて見たときに、全く違う情報に切り変わっていることに気づいた。

本当に取り憑《つ》かれていたので、そこから取り憑かれたまま憑依《ひょうい》状態みたいな感じで、何日も寝ることもありませんでした。

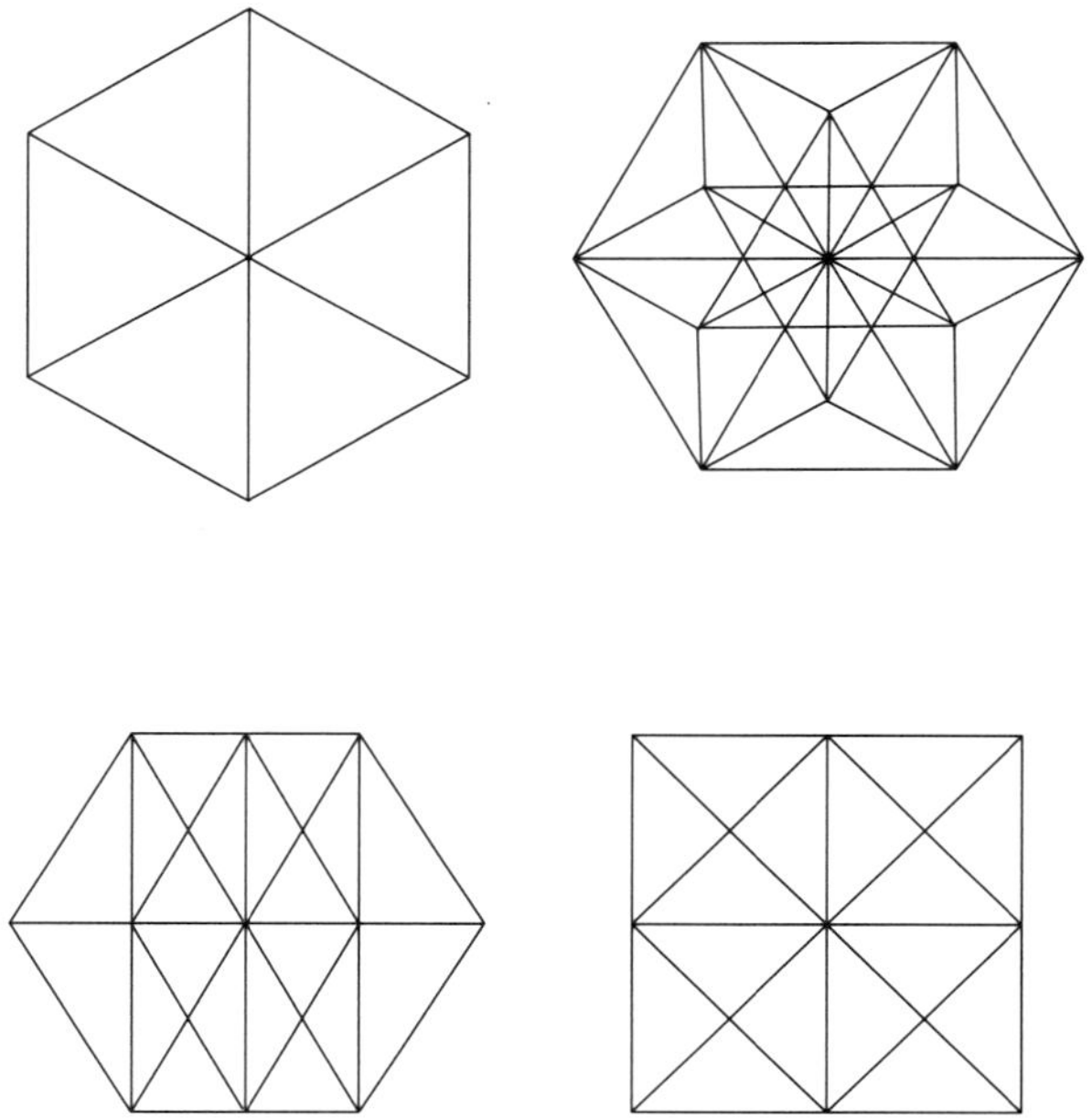

角度の違いで見えるものが変わる
（全て同じベクトル平衡体）

もはや変態プレイ!? マイナスのエネルギーを変換できる自分がいれば隠された本質に近づいていける!?

トッチ　僕も遊び人の極みなので、どうしたらそれに面白く、深く入っていけるかというのを考えました。

究極の状態まで自分を持っていかないと、たぶん究極なんて知れないだろうなと思ったんです。かといって、山に入って修行している人はいっぱいいるけど、仏門をたたいて修行しても、お寺ではご飯が食べられる。

一番厳しいのはなんだろうと考えて、都会で全く働かないで、遊びながら真理を追求してみようという変態プレイに走ったんです（笑）。

つまり、働かないと携帯代も払えない、家賃も払えない中で、自分は一体どういう精神状態になるんだろう。実際に試してみようと思ったんです。

挑戦してみると、不思議と今まで考えられなかったような感覚の世界が見えてきました。

前から講演会とかでお話ししている話ですが、リーマン・ショックを境に働くことを手放してみようと思って、いきなり会社をやめて帰って、港で働いていた時代に買って住んでいた横浜のマンションから、倉庫暮らしを始めました。

横浜という地名を聞くと、みなさんはデートスポットとか華やかなイメージを持つと思うんですが、僕が住んでいた倉庫は、1階に工場《こうば》がいくつか入っていて、上にその工場で働く人が住めるというところの、1階のワンスペースでした。

残念ながらお風呂もないし、トイレは外に1個、蛇口は建物から出たところに1個あるだけでした。

その、外の蛇口をひねって体を洗っていました。その後、弟子になりますと言って僕についてきたてっちゃんは、台風の雨でシャンプーしていました（笑）。

そういうのが「面白い」に変わってくると、社会や学校では気づけなかったことやいろんなものが、なぜか不思議と情報として入ってくるようになった。

これもまた、今の社会ではなかなか試しづらいけど、一回そういう生き方にシフトしてみると面白い。

僕自身は下の工場をちょっと改造というか、いじって住んでいたのですが、上にはおじいちゃんとその娘さんが暮らしていました。

だから、天井には、そのご家族が生活しているパイプが並んでいるのが見えました。それが古いので、トイレの配管から時折漏れるのです。

ポチャンポチャンという音だけでなくて、強烈なにおいがその部屋に漂う。どうにかしてそれを喜びに変えるんだと、そういうときこそ自分の内側から大量のアドレナリンが出てきます。

それを「ダメ」としないエネルギー。なんでこんなに漏れてくるんだという怒りの感情にまかせるのではなくて、面白くする。なかなか経験できないじゃないですか。上の階の人の排せつ物をどう処理するか問題。考えたことがありますか（笑）。

僕は仕事をやめてそういう生活をしているから、業者にも頼めない。手元にあるもので対処するしかないわけです。

傘を逆さまに開いて漏れてきたものをためる。傘の一番とんがっているところに穴をあけて、そこにホースをつないで、ホースも10メートルぐらい延長して下水道につなぐ。

そうすると、「あっ、できてる！」と、ウンコやオシッコとともに、自分の中にもエネルギーが流れる。

そのうち雨漏りもしてくる。そこに楽器を置いてみると、雨漏りで演奏を楽しめる。

つまり、自分にとってマイナスのエネルギーをプラスに変換できる自分がいれば、どんな状況でも面白くなっていく。そういうところに叡智《えいち》が隠されているんじゃないか。

本来のエネルギーの本質的なものは隠されているんじゃないかと突き詰めていったら、立体の世界と共通することがいっぱい出てきた。立体をつくっていくと、なぜか変な領域に入ってしまって、僕はこれだなと思ったんです。

「日月神示」には立体、複立体、複々立体、立立体とあった!? 8通りの意味もマカバの八方のエネルギーの違い!?

トッチ　「日月神示」に関しては、僕はインターネット上では見ていたんですが、本を買ったことはありませんでした。

また、インターネットに載っているのは立体ということを外した情報が多くて、なかなかピンとこなかったんです。

自分がこういうふうに形にしてみて、それを証明してくれるものを探しに本屋さんに行って、そこでフラワーオブライフの本や中矢伸一さんの本を見つけました。

僕は形をつくってから、ドランヴァロ・メルキゼデクさんが書いたフラワーオブライフの本（『フラワー・オブ・ライフ』第1巻・ナチュラルスピリット）を知ったのです。要は、本質的なものは言葉にできないということに気づいて、今この世に出ている本に真実はないということに気づいてしまったので、順番が逆になってしまった。

何か証拠になるのはないかなとふらふらしていたら、中矢さんの「日月神示」（『［完訳］日月神示』・ヒカルランド）に出合って、読んでみたら、僕が周りに話しているようなことがその中に全部入っていた。立体、複立体、複々立体、立立体と、自分がつくったものの説明が全部してある本だと思いました。

みなさんも順番をちょっと変えていただいて、立体をバーッとつくって、構造が頭に入ってイメージできるようになってから「日月神示」を読んでもらうと、受け取れるものがたぶんまるで変わってきます。

「日月神示」に読み方が8通りあるのも、マカバの頂点から出てくる八方のエネルギー（12ページ・下）の違いによって8段階に分かれるということ。始まりの当然のお話です。

さっきの黒川さんの十字に対して斜めが入ってくるという町形のお話、これも8です。

そういうことは言葉では伝えられないけれども、立体を使えば共通言語として認識していくことができる。

例えばベクトル平衡体は、頂点の数が何個、四角が何個と決まっています（74ページ・上）。答えが決まっている世界です。だから、自分の考えを持ち込めないのが宇宙の法則の世界だとわかってくると、この立体を通じて知ることのできることが本当にたくさんある。

麻の葉模様を横向きにして六芒星を描くと、こうなります（74ページ・下）。麻の葉模様はどこに行ってもあって、日本でこれを見ないことはないと思うのですが、それが、宇宙の法則（ベクトル平衡体）をずっと伝えているものだった。

僕とはじめて会った方には、前歯がない人間で申しわけないんですけど、ギョーザを食べているときに欠けてしまって、そのままずっといたら、こうなった。面白いからこのまま生きてみようかなというところです（笑）。

この麻の葉模様とベクトル平衡体が並んでいるものを見て、はじめての方は、これが同じものだとは見えないかもしれない。これが神様の違いなのです。

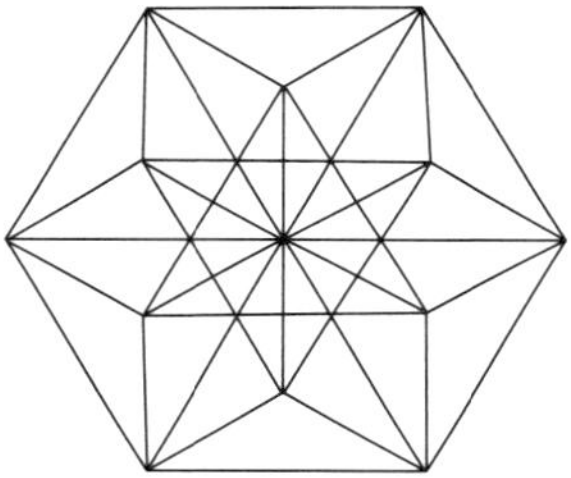

頂点の数	12
（中心を入れて	13）
辺の数	36
面の数	14
四角	6
三角	8

ベクトル平衡体・数字が決まっている

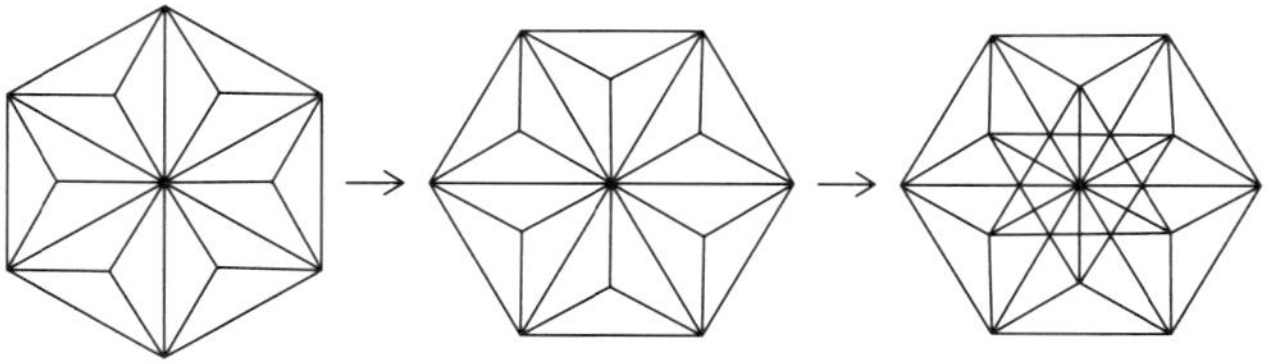

麻の葉模様を横向きにして六芒星を描く

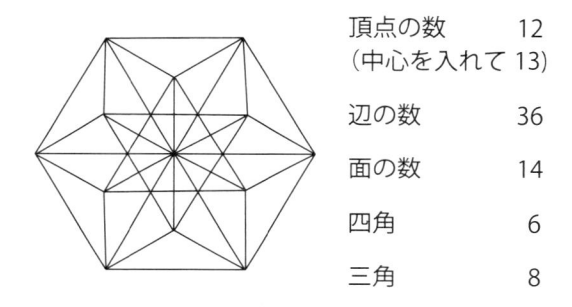

自分がこうだと思ったものが、別の角度からは違って見える。そういうことがわかってくると、今イスラエルとか、世界中でいろんな紛争が起きていますが、全部平面次元だから起きていることだと気づいてしまいます。

つまり、今争いをしている人たちが本当に立体の世界を知ったら、同じ神様を追いかけてぶつかっているだけだったとわかる。しかも、ただの綿棒だけで説明がついてしまう。

立体こそがアセンションであり、岩戸開きだった⁉ フラワーオブライフで「元一つ」も証明できる⁉

トッチ　しかし、今、世の中を動かしている人たちは立体を知らない。例えば、今、国を動かしている政治家の人たちは立体の世界を知らない。だから、どんな人たちが上に立っても、争うようになっています。

僕はあまり表にも出ていませんが、こういう立体を通じて世の中を変えようとするのではなくて、自分たちが変わる必要性があると思うんです。それこそがアセンションであり、岩戸開きである。

みなさんがこういう立体の世界を知っていったら、エネルギーが真ん中に集まっている形だということに気づくでしょう。

ベクトル平衡体は中心に向かって軸があって、軸が集まっているのです。

つまり、ベクトルが唯一そろっている形がベクトル平衡体です。そのまま名前になっている。みんなのベクトルが中心に集まっているものです。

この形をひもといていくと、マクロの世界では惑星の原理、ミクロの世界では原子レベルの話も、全部同じ構造になっているとわかるのです。

ミクロからマクロまで全部こういう仕組みだけでできているということに気づくと、これに集まってくるエネルギーがそれぞれ異なるから違って見えているだけで、元一つということが証明できてしまう。

古代ギリシャの哲学者が、この世界は5つのエレメントで構成されていると説いていたみたいですが、はるか昔で、みんな会ったこともない人でしょう。

だから、本当かどうかなんてわからないけど、その5つが（78ページ）、自分が形にしていったものの中に全部入っていた。

今日、「宇宙の最終形態」を持ってきていますが（2・3、6・7ページ）、全部が一つになっているのがフラワーオブライフだった。元一つということをみんなが本当に知ろうとすれば、証明できてしまうのです。

科学者とか数学者にこそ、こういう世界に興味を持ってほしいですし、政治家たちがこういうことを知らないと、本当の国づくりはできないでしょう。

日本の和柄、みなさんの家に家紋があるでしょう。全部立体ととらえてみてください。

それは同時に、全部フリーエネルギーのシステムになっています。

ただこういった情報は、時代背景を見ながら小出しにしていかないといけない。

たぶん人類は過去において、エネルギーの扱い方を間違えて失敗しているでしょう。

それゆえに隠され、封印されました。

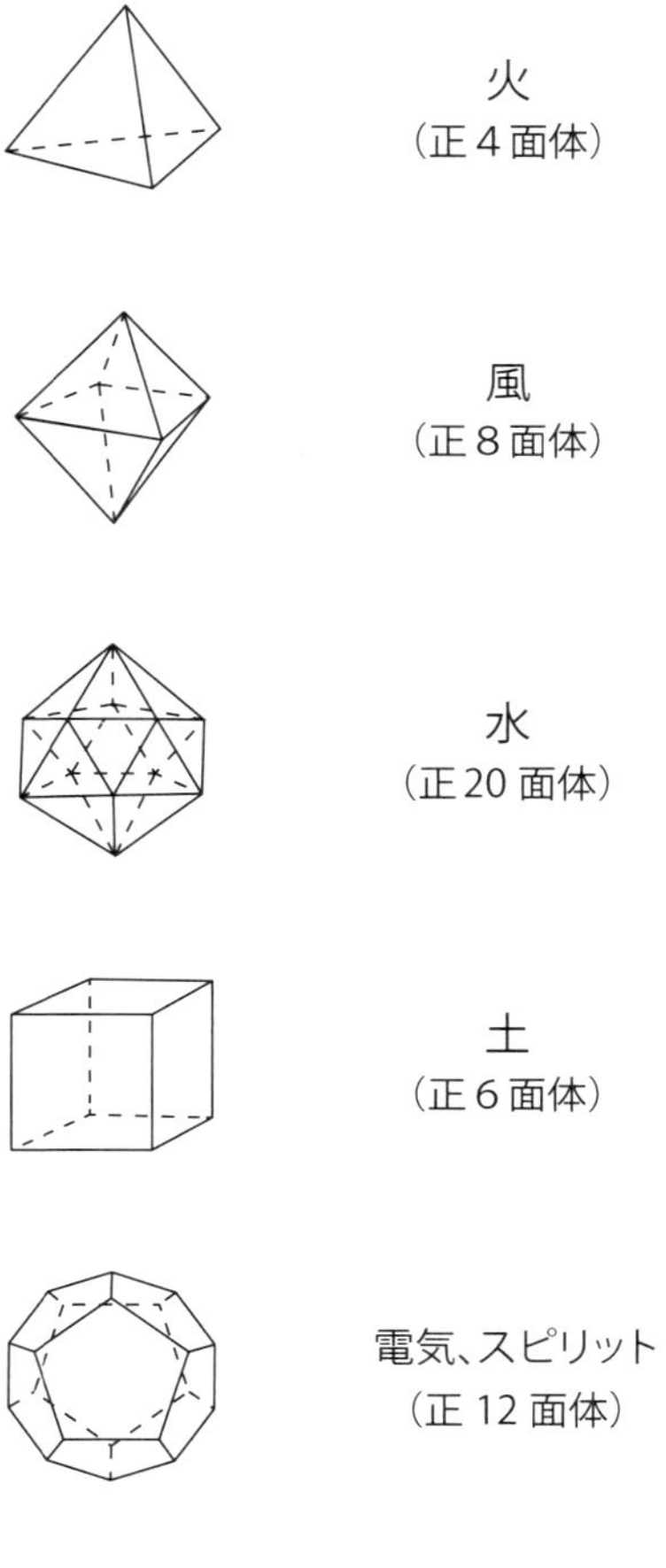

5つのエレメント（正多面体・プラトン立体）

ここはイッテル本屋さんなので、アセンションに関する本はたくさんあると思います。しかし、残念ながら、封印された叡智を無視したアセンションのことしか言っていない。
それを解いて、はじめて人の意識のレベルが上がって次元上昇する。
つまり、隠されたものを出してからでないと本当のアセンションなんかないし、それを無視したアセンションはアセンションではないということです。

いつの時代にも存在しているのが「宇宙システム」それは数多《あまた》ある神様の総体のことかもしれないのです⁉

トッチ　これから僕たちは学ばなければいけない。
むしろこれからのほうが学ぶべきことはたくさんあって、ある種、人生は今からスタートするのではないでしょうかね。

そこに技術というものがついてきて、人間の意識を別の体に移すとか、人工知能が移行できる時代になってくると、これから人の年齢もなくなっていくでしょう。

「日月神示」が当時の天明さんに降ろされた状態では、言葉として表現するのも難しかったのだろうなとは思うのですが、いつの時代にも、どの国にも神様は存在しています。

しかし、５０００年前にアマテラスがいたかといったら、いないのです。

アトランティスの時代にいた神様は誰なのか。レムリアのときにいたのは誰なのか。プレアデスでは誰が神様だったのか。神様を追っていても、延々とどうどうめぐりになってしまう。

いつの時代も存在しているのが宇宙のシステムです。

もしかしたら、それが神様なのではないか。

アマテラスも、ニギハヤヒも、セオリツヒメも、封印されて全部比喩表現として伝えられていた話です。だけどみんな人物像を追っているので、気づけない。

アマテラスにしろ、ニギハヤヒにしろ、セオリツヒメにしろ、側《がわ》（外側）の話しかしない。みんな、中のシステムの話はしていないのです。

みなさんが本当にものを立体的に見ていくことの意味合いを理解したときに、本当の目覚めのプロセスが始まるのではないかと僕は思っているのですが、そういうことを伝えるだけでも誤解を生じてしまう。

誤解を生まずにこういう世界を理解していくには、本当に立体をつくりながらでないと見えてこないのです。それが当然の世界なのです。

理解には何年もかかるかもしれません。ヘタしたら、僕たちが生きている時代に真相は解明すらされないかもしれない。だから、急ぐことはない。

ただ、自分がどれだけの幅で世の中を見られるかにもかかってくると思います。地球の変化、地震や火山の噴火、気温の変化も、全部幾何学的な変化で起きています。つまり、呼吸でもある。そういう概念で見られると、地震や気象の変化は必要があって起きているものだとわかります。

それを災害としてとらえているうちは、たぶん理解もできないでしょう。

僕たちは、岡本天明さんやいろんな方たちが残してくれた情報を精査して、一つにまとめる作業をしていかないといけない。そういう時代に入っているのではないかと思います。

神社の狛犬《こまいぬ》が踏んでいる球（玉）のように、これがはるか昔から先人たちが伝えようとしていたものだとしたら、さっきフリーエネルギーのシステムと言いましたが、昔から電気を使っていたことに気づいてしまうのです。

つまり、僕たちが教わった歴史は、一旦終わったことを歴史として見せられているだけで、隠されていた歴史ははるかに長くある。

そこでは今の僕たちがとらえる電気で

神社の狛犬が踏んでいる

はない電気があった。

すでに言葉で伝えるのは難しいので、意味がわからないかもしれないです。

僕たちは進化していると思わされているだけであって、実際には退化しているんです。逆だったということに気づくと、もしかしたらプラスに変換されて、いろんな目覚めとつながるところも出てくるでしょう。

みなさん、五芒星は一筆書きで書けますよね。六芒星は書けますか。

ちなみに、一筆書きで書く六芒星は、表向きはフリーメイソンでは悪魔崇拝のシンボルとなっています。

笑いがないところに真理は存在できない⁉
フラワーオブライフはエネルギーの仕組み⁉
「日月神示」は宇宙の仕組みの話⁉

トッチ　こういう世界を突き詰めていって僕が気づいたのは、この力と叡智は、今の人類にはまだ扱えないなということです。

それが善か悪かと言っているうちは、たぶん使えないでしょう。というか、表に出てこないほうがいいものでもある。

時代背景といろんな変化のさなかで、ちょっとずつ小出しにしながら、気づいた人たちで時代を切り開いていけたらいいなと思います。

そういうきっかけをつくってくれたヒカルランドの石井社長、黒川さん、以前一緒にセミナーをやってくれた礒正仁さん、参加者のみなさんは、今、歴史の本当にすごいところを共有しているんじゃないかと思います。

僕は、ただ遊んできた結果、これにたどり着いているだけなんです。

大して偉くもない。言ってしまえば、ただのエロい人（笑）。

でも、そのエロの境地にこそ、もしかしたら真理が含まれているのかもしれないし、遊びがないと回らない。フラワーオブライフは、遊びがあるから回るのです。

だから、もし本当に立体の、真理の世界を知ろうとしたら、真剣に、真剣にならないこと。笑いがないところに真理は存在できないんじゃないかと思うので、神遊びです。

神遊びこそ、黒川さんが気づいてくれた「5」の世界です。

5が12点集まることで、60という数字をつくり出します。これが1時間は60分とか、三角形をつくり出す60度とか、全部そういうところから来ていることに気づけると、フラワーオブライフは時を示すものでもある、時間そのものでもある、ということにも気づく。

時間と言われているものは実は存在しないけれども、その概念をとらえることは可能です。

また、フラワーオブライフは筋肉みたいに伸び縮みします。目の形みたいになっていて、中に球（玉）が入っていたら、それが微妙に動く。それだけでも回り出します。

金属でつくったら、水分が勝手に真ん中に集まって結露ができてしまう。水がつくれるのです。ということは自重がふえるので、それはまたエネルギーに変換できるし、回転が始まれば熱が生まれるので、簡単に電気を起こせます。

例えばみなさんのお家には除湿器があるでしょう。それが1台あれば、何かあったときに水がつくれる。

だけど、そういう機転がきかないと、これから起きてくる地球上の変化に耐えられない。

僕は、3・11の東日本大震災のときにずっと東北に行っていたのですが、ボランティアというタイプではないので、ちょっと特殊な分野で動いていました。

ああいった災害が起きた場合、お金があろうと、物質的なものがあろうと、結局、何の役にも立たない。

必要なのは、人の中がどれだけ回っているかということです。エネルギーの仕組みさえ知っていれば死ぬことはない。

エネルギーは必ず集められる。人がつくり出すフラワーオブライフです。

ただ、ごまかしでなく本当の世界を知っていくのは、すごく厳しいと思う。

根性も試されるし、遊んでいるようでも真剣な遊びだから、時には苦しいでしょう。時にはどころか、もしかしたらずっと苦しいかもしれない。

でも、その苦しさをつくっているのは自分のかたよった物の見方そのものであり、それすらも実は幻想であるということ。

「5」という数字は、形にすれば五芒星ですが、角度にすると、そこには72という数字が隠されています（88ページ）。

これは36の倍数でもあって、72という数字はユダヤの神様の数でもあります。

表の神様72、裏の神様72、合わせた144という数字。14万4000人が集まったらどうこうという話を聞いたことがあるかもしれませんが、実は幾何学的な数字です。

だから、幾何学を知らないと、世界中で言われているいろんな神様の話、封印された叡智は解けないようになっています。

その叡智の一つが「日月神示」ではないかと思います。

天明さんはすごいなと思ったのは、ただ立体と言っているのではなくて、複立体、複々立体と言って、立体が膨らんでいく中で生まれてくる別な次元の話を説明しているのです。

「立体」の一言で終わらせているのではなくて、それが複合的に合わさってくる。

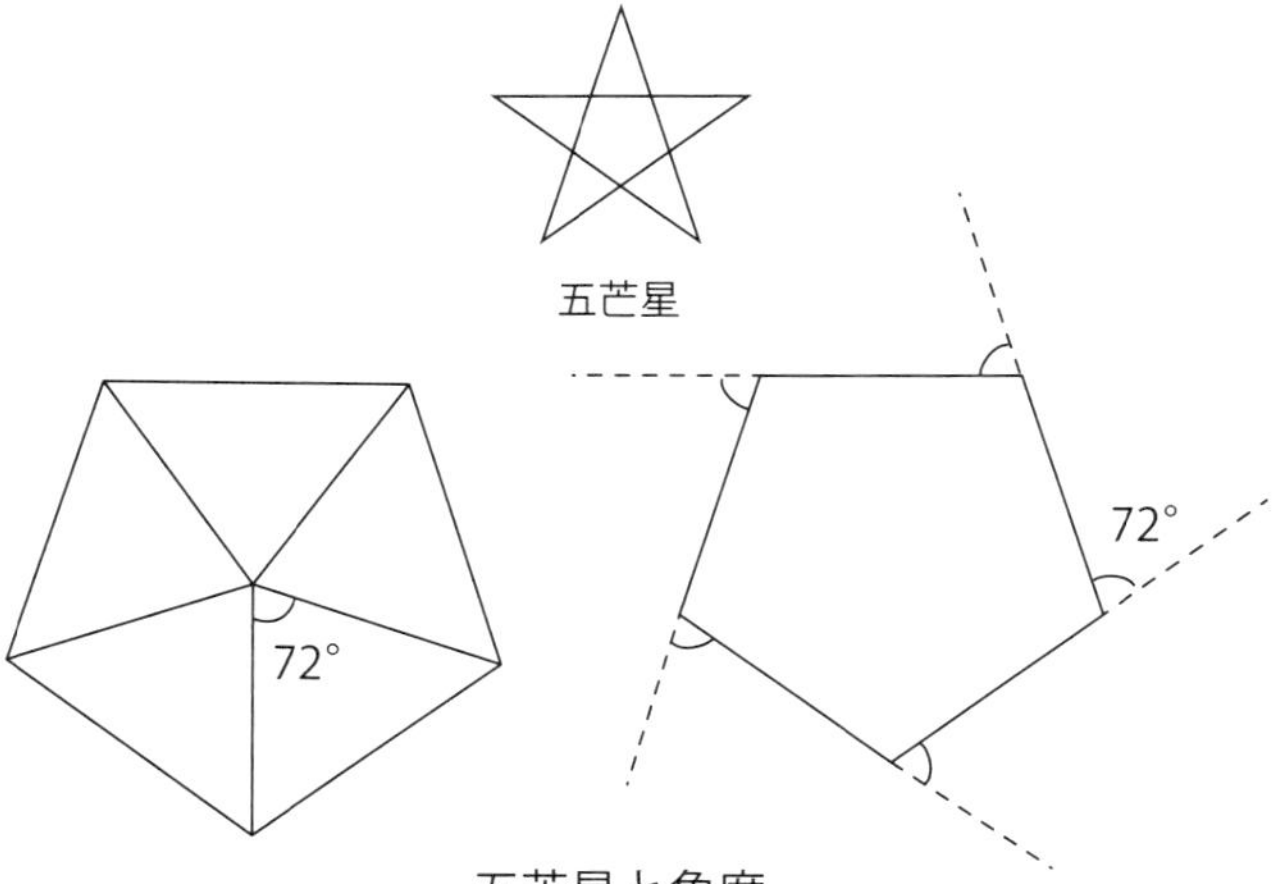

五芒星と角度

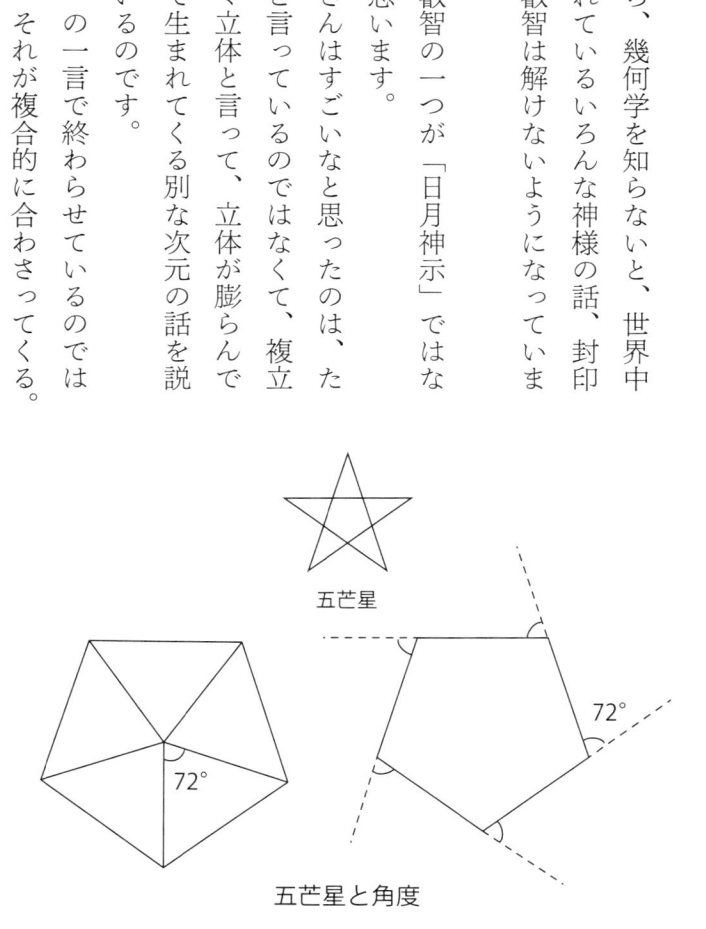

みなさんには、これが次元の話をしているということに気づいてもらいたい。神様の話をしているのではなくて、実は宇宙の仕組みの話をしているのが「日月神示」であり、それが神であるということ。

一つの立体ではこの神様としてお話しし、それが複立体となると別なエネルギーに変化するので、別の神様の名前を使ってお話しするということ。

それが全部だとすると、アメノミナカヌシなのか何なのか、それはまたみなさんのとらえ方にもよるだろうけれども、そんなふうにしてみなさんは、「日月神示」をはじめイッテル本屋のイッテル本で、ぜひ本当にイッチャっていただきたい。

それには頭も顔もおかしく（可笑しく）なるしかないし、生き方そのものもおかしく変えてもらって、笑いながら時代を越えられたらいいんじゃないかと思います。

江戸時代の神拝作法から正月、初詣への変遷！簡単なほう、楽なほうへと変わっていく……

黒川　今回、トッチさんと会って、私は立体の世界に目覚めたんですが、ここに至るまでの道のり、一つは『天明伝』の岡本天明の生涯、その背景には大本教がありました。

　日本では鎌倉時代、鎌倉仏教で高名なお坊さんが輩出した。当時の貴族政治から武士の自治する社会体制への変化もあると思いますが、まるで再現するかのように、幕末から明治維新に至る混乱期、天理教の中山みきとか、あまり有名ではないですが先行して如来《にょらい》教の媹姾《りゅうぜん》喜之《きの》とか、神の啓示があらわれたという女性が日本中にあらわれた。教派《きょうは》神道《しんとう》といって、男性教祖の金光大神《こんこうだいじん》（川手文治郎《かわてぶんじろう》）の開いた金光教や、黒住宗忠《くろずみむねただ》の黒住教もありました。社会的な不安の中、予言により、社会興隆《こうりゅう》から教義化の方向性、そして鎮静化に至る一つの作用かと思います。

そういう流れの中に岡本天明もいた。天明さんは戦時中から戦後、日本が大変だった時代に活躍された方で、私は神業者《しんぎようしゃ》の神示や神事、それらの人たちの思想にも関心があり、それで、先ほど話した神社の祭式、神拝作法が時代により変わった事実も知りました。

江戸時代の伊勢神宮の参宮案内書である『伊勢参宮名所図会《いせさんぐうめいしょずえ》』があります。今は正殿《せいでん》からずっと手前、四重の玉垣《たまがき》の、ひらひらの幕（御幌《みとばり》）の外からパンパンと拝みますが、江戸時代は、奥の玉串御門《たまぐしごもん》まで普通に入れたことがわかります。そして蹲踞《そんきょ》（膝を折って腰を落とす姿勢）して拝んでいました。今は立っていますが、昔は人との会話も室内では当然座って行いました。

昨今の大河ドラマでは、部下が徳川家康の前で立って返事をする。こんなことあり得ないです。日本人としてあり得ないことを大河ドラマが平気で放送している。

30年ぐらい前、平成初期は、神社の正式参拝も拝殿に通され、正座して玉串を捧げた。今は立ったまま か、椅子に座って立って玉串奉奠《ほうてん》（謹んで捧げる）します。

神拝作法が変更された理由は、女性はスカートだからとか、正座はきついからとか、いろんなことを言いますが、明らかにおかしくなっています。

沖縄に行くと、御嶽《うたき》（祭祀などを行う聖地）で拝むとき、みなさんしゃがむのです。それを見て、ちょっと前は、これが普通だったなと思いました。我々はいつ間にか忘れてしまい、西洋式のやり方になっている。安倍首相の合同葬儀をテレビで中継していましたが、献花を置きました。あれはキリスト教です。日本の場合は立てる。玉串を奉るのも「タテマツル」だから本当は立てるのです。教派神道では、玉串奉奠には神籬《ひもろぎ》立てと言って、生け花みたいな筒があり、そこに差し立てます。立てたことによってアンテナになります。アンテナは立っていなかったら受信しません。横に寝かせて置いたら受信しないのです。

そういうことがいつの間にか簡単なほう、楽なほうに向かってしまう。

新嘗祭《にいなめさい》は物忌《ものい》みといって、昔は家内に籠《こ》もりました。

正月も本来は家にいて、正月の神様が家に来るのを待つのです。

お正月の神様、年神様を歓待して、食事してもらって、地方によってはお風呂に入れたり、寝てもらったりして帰ってもらう。

だから、お正月参りも、江戸時代は3日にやっていた。

1日は家で神様を迎える日で、2日に上司とかの年始の挨拶で外回りして、3日にはじめて鎮守の氏神社に参拝したのです。

今は1日の夜中に神社に並びますが、あれは古いしきたりではないです。

富士の浅間《せんげん》神社に正月に行ったらやっぱり混んでいて、皆さん真面目だから並んでいるのです。

私は参拝すると脇から拝殿にパンパンと拍手を打つ。みんなにこの人はなんて不真面目なのかと見られますが、平気で帰ります。

富士吉田のうどん屋に入ったら、おじいさんたちが、昔はこんなことはなかったとボソッと言っていた。

それが本当なのです。初詣なんてそんなに古い風習ではない。

十字が宇宙⁉ 両手を広げて十字をつくることで神と一体化する⁉ 古来、神社で参拝する人は神となっていた⁉

黒川 実際に天明さんはどんなふうに神様を拝んだのかも調べました。人は、あまりにも一般的なことの記録は残しませんから、一緒にいた人から話を聞くしかないのです。

あとは、大本教の出口王仁三郎がどんなふうに神様を拝んでいたのか。亡くなって50年以上たつと、実際に見たという存命の方は少ない。天明さんの祭式は、千葉時代に一緒に拝んだ黒羽根《くろばね》さんから話は聞くことができて、実際のお祭りも一度見ました。所作は大本の祭式でした。私は王仁三郎の祭式の話は聞いていませんが、王仁三郎の近習《きんじゅう》だった岡本秀月《しゅうげつ》さんから直接話を聞けました。

今、神社に行くと、鈴をジャランジャランと鳴らし、礼をして、女の人は脇を締めてパンパンとやる。仕草の見た目は可愛いですが、昔の有職故実は違います。まず両手を水平に広げてから拍手しました。戦前、合気道の開祖とされる植芝盛平《うえしばもりへい》が神社に行って参拝する動画がYouTubeにあります。やはり両手を広げて拍手しています。

私が大本教信徒の前で有職《ゆうそく》の拍手を打ったら、あとからそれは祭主の所作だと言われ、祝詞奏上する祭主の拍手の仕方であり、両手を水平にすることで後ろの参列者から見て、みんなが拍手するタイミングを測るためにしたと説明を受けました。王仁三郎が実際にそう周りに説明したのでしょう。本来、有職故実の所作であることを隠していたのです。

両手を水平に広げる所作は、さっきの「町形」の型です。四角に縦横斜線のマチガタ図の原型は十字の形になります。町形は十字の形（人形《ひとがた》の象徴でもある）をして、下から始まり、下がト、上がホ、左がカミ、右がエミ、真ん中がタメ、で「トホカミエミタメ」三種祓《はら》いの詞《ことば》がありますが、十字の方位に配されます。神社でお祓いを受けると、神主が大幣《おおぬさ》を左にシュワン、右にシュワンとさらに左に振ります。

これを「左右左」と言います、本当は左右中で、左、右にやって、真ん中でグッと押す。左右中は「カミ、エミ、タメ」だから、トとホの天・地（所作としては二拝）が抜けてしまっている。

十字の形はトが水、ホが火、カミが木、エミが金、タメが土、五行《ごぎょう》をあらわしています（96ページ）。

現在の亀卜の専門書では町形の横の線が互い違いになっていますが、考古学の遺物も十字でした。*注8

マチガタのように両手を広げるとき、人の象《かたち》は十字になります。これが基本の形です。人が十字形をするとき、宇宙の

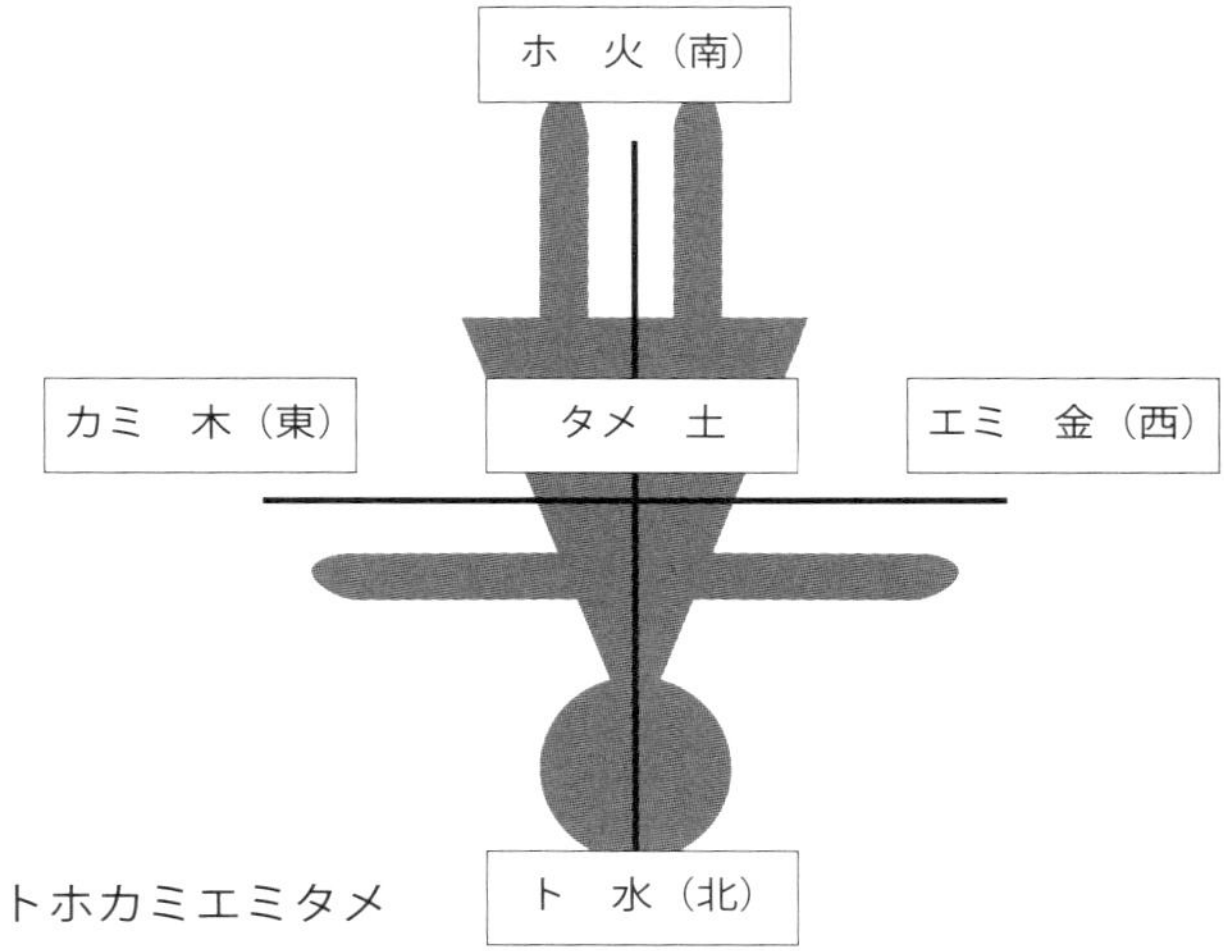

縮図になります。レオナルド・ダ・ヴィンチの有名な人体の図がありますが（98ページ）、小宇宙（ミクロコスモス）と称している。それは日本古来にもあって、人が十字の形をすることで、大宇宙と小宇宙が相似すると認知したのです。

こういうものは古い芸能にも残っていて、能の「三番叟《さんばそう》」は、翁《おきな》面をつけて「とうとうたらり〜」と謡舞《うたい》う（99ページ・上）。謡は今では何を意味するかさえわかりません。だんだん呪文化していくのです。

「トホカミエミタメ」も、今は何を言っているかよくわからない。トは水の意味があり、奈良県の奥地、十津川とか天河の地名と同じで、トはアイヌ語で水を意味する、万葉言葉より古い時代の言葉です。ホは現代語でも火です。「トホ」は水と火と言葉の響きとともに、そのエレメント（元素）もあらわしていたのです。

人が手を広げて立つ姿だけで、「トホカミエミタメ」の水と火から始まる五行の形を、そのままあらわしていた。青森県の三内丸山《さんないまるやま》遺跡出土の縄文時代の土偶も両手を広げた十字の形です（99ページ・下）。長野県茅野市の「縄文のビーナス」像は、手を省略していますが、縄文土器はほとんど手を広げているか、上腕を広げて

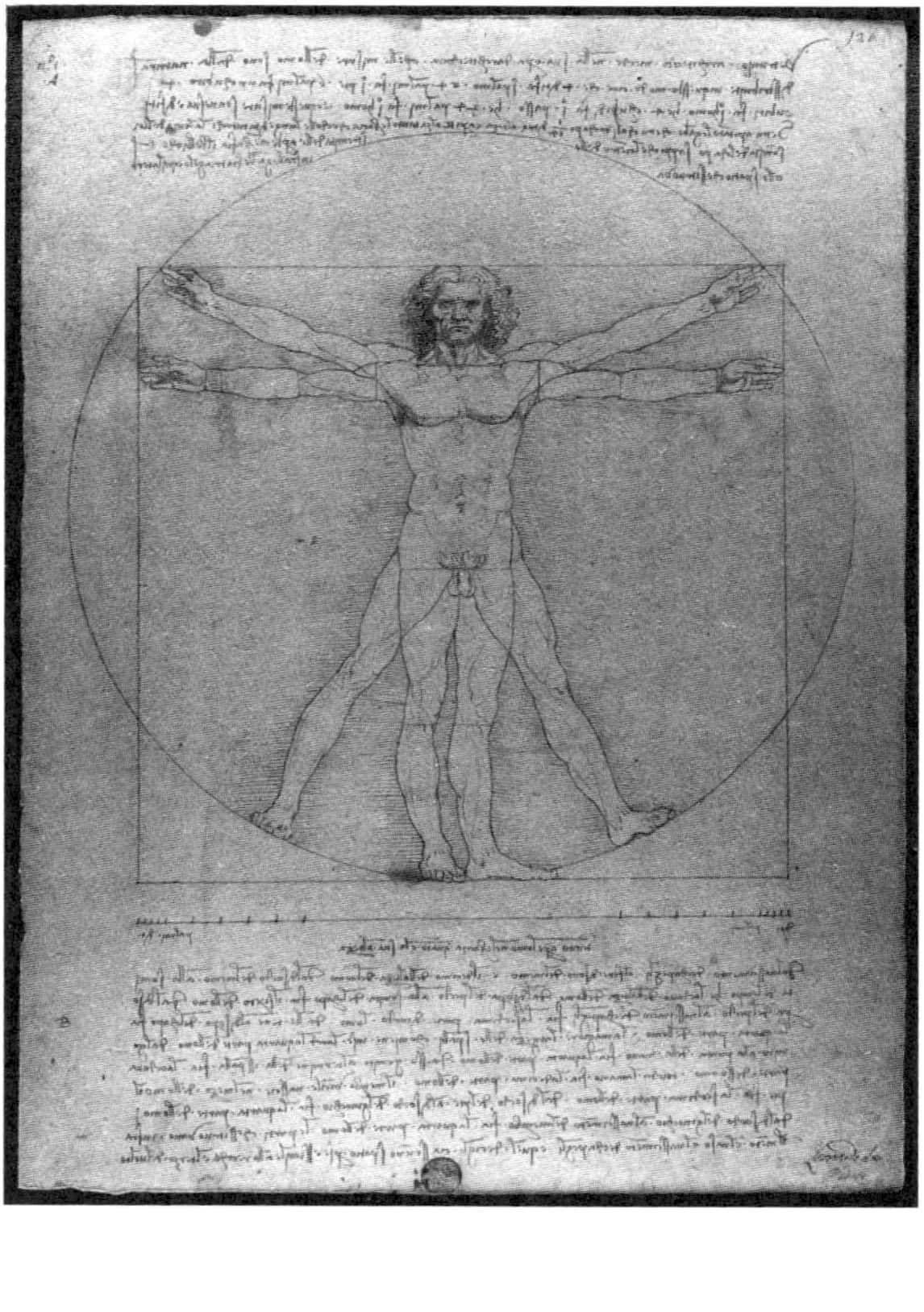

レオナルド・ダ・ヴィンチ
「ウィトルウィウス的人体図」

肘から下を下げている。もちろん縄文と中世では直接関係はありませんが、十字の形とシンボル性は、時を超えて受け継がれています。

神拝の所作をとおして、神社を参拝する人は宇宙と一体化する。神の前に立つとは、本来は参拝する人も神になるに等しい。これが古神道の世界です。神社神道では、神職に祈禱《きとう》をお願いするのでなく、自分自身が祭主になるのです。

三番叟　翁

三内丸山遺跡　大型板状土偶

＊注8　私個人のイメージでは、亀卜のマチガタは立体的に十字の横軸が旋回している記号

ではないかと思います（１００ページ）。

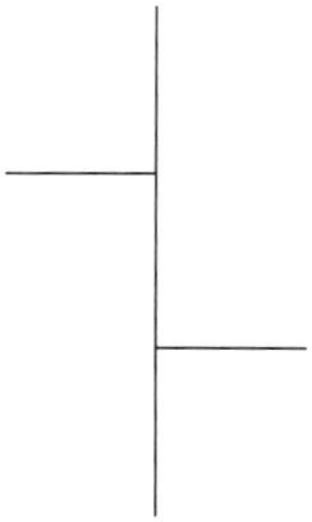

フトマニ

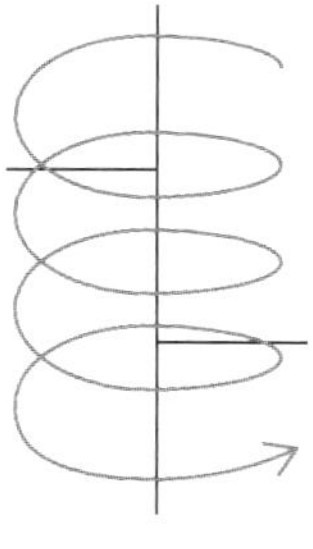

回転するフトマニ

宇宙とリンクする作法は断たれ再び復活する⁉　なぜ神道の秘図とカバラの生命の樹とトッチさんの図が同じなのか⁉

黒川　私は古神道の研鑽《けんさん》をしました。今回、トッチさんの神聖幾何学と立体の思想と出合い、自分が習ってきた神拝作法にも当てはまることがわかりました。

天明さんの時代のもう一つ前の世代、大石凝真素美、明治時代の神道思想家が残した資料や、天津金木、古神道の神拝作法と、それが神聖幾何学と非常にリンクしているのです。

今、四拍手を打つのは出雲大社と宇佐神宮ですが、平安時代の儀式書には「四度《しど》拝《はい》、本朝の遺風」（『北山抄《ほくざんしょう》』）とあります。四度拝とは四拝四拍手です。戦前の旧祭式も両段再拝なので、二拍手を繰り返す。だから、結局四拍手になる。

江戸時代に神社祭祀を司った吉田・白川両家から発行した神拝作法免状にある式次第は、だいたい両段再拝です。

四拍手は、パンパンパンパンと続けて4回打つ四度拝で、パンパンと打って祝詞祈願して、パンパンと、二拍手を2回するのが両段再拝です。

4には、東西南北の方位や、春夏秋冬の暦《こよみ》をあらわす象徴が込められる。江戸時代までは、人がする祭祀所作には、宇宙とリンクする意識が強かった。しかし、明治維新後、近代国家へと進む日本の方針とは合わないので、捨てられてしまった。朝廷から離れても何代かは口伝《くでん》で伝わりますが、昭和50年代を境に古い伝承が途絶えました。私も昭和50年代はまだ小学生で、直接教わる機会もなく、平成初期からいろんな話を聞かせていただきましたが、古い所作の断片を聞けたのは、10年前ぐらいまでです。

　私の先々代の小笠原義人《よしんど》先生は鎮魂帰神法《ちんこんきしんほう》（心魂を鎮め精神統一して無我の状態となり、神と一体化する行法）の達人でしたが、祭祀の裏の裏まで詳しかったので、「アンタが小笠原先生に会ってくれていたらよかったのにな」と私の先生もいつも残念がられた。

　そんな中、古神道にご縁がありまして、鎮魂法（古神道の修法）を学ぶ機会がありました。全て「見ざる言わざる聞かざるの行《ぎょう》」と申して、これは言挙《あ》げしてはいけない「お道」なので、具体的にできません。

　室町時代、応仁の乱で朝廷の行事・儀礼は全て停止して、公家は地方に疎開する有り様でした。社会秩序が崩壊した時代が戦国時代まで150年続き、伊勢神宮の20年に1回の式年遷宮《しきねんせんぐう》もできない期間が100年ほど続いた。その間は全て略式の、仮の形で経過しました。

　戦乱の世が終わり、江戸幕府が開かれて、幕府からの援助で朝廷の祭儀も少しずつ復興されます。150年のブランクが空いたから、そこから復興に至るまでには大変だったでしょう。江戸初期に結集した当時の学僧や学者が何人か集まった。名前はいまだにわからない人物たち（そのうち一人は天海僧正《てんかいそうじょう》）ですが、表に出ない優秀な人たちのおかげで、平安時代から続き応仁の乱で途絶えた朝廷祭儀が復興されたのです。

中国では歴代王朝交代の混乱期に全てリセットして、古い伝承は破壊され残りません。地理風水も明《みん》・清《しん》期の伝統であり、日本にはもっと古い隋《ずい》・唐《とう》期の情報からのちに陰陽道が派生しています。

江戸時代に朝廷から江戸幕府が国家のまつりごとを委任されますが、天下のまつりごとには暦が必要です。暦に合わせ年中行事や農事を行います。日本では千年近く前から、中国より暦を輸入して活用しましたが、そのまま延長して使用するうち、1年365日と4分の1からズレが生じて、日食などの計算が合わない現象が起きた。それまでは安倍晴明《あべのせいめい》の子孫、土御門《つちみかど》家が朝廷に仕え代々の暦を算出しましたが、もはや計算が合わなくなったとき、幕府は新たに西洋の天文学を輸入して、渋川春《はる》海《み》ら新しい学者を招聘し、西洋天文学を取り入れ、暦にアレンジを加え、江戸時代の実情に合わせ、まつりごとを為していくのです。

そのときに、我々が考える西洋の天文知識だけでなく、その背後にある霊的哲学である占星術や錬金術的な思想も流入します。それを再構築して、江戸初期の土御門神道から、儒教系の垂加《すいか》神道を経由して、もともと朝廷祭祀を司る吉田家とか白川家が学び、またアレンジを加え、より古いものと融合させているのです。だから、例えば吉田神道とか白川神道は千年前からの祭祀の道をそのまま継承するだけでなく、各時代の最新の知識をアップデートして再構築した伝を伝えました。

明治時代、伯家《はっけ》神道の和学教授所に伝わった秘伝の図があります。でも、ただ同心円が描いてあるだけです、見ても最初は意味がわからない。そこで調べたら、プトレマイオスの天動説の宇宙図でした、星の世界を霊界に見立てた多層構造になっている。そういうものが残されているのです。

ところで、トッチさんの『日月神示、マカバ、フラワーオブライフ　宇宙の最終形態「神聖幾何学」のすべて』を読むと、トッチさんが説明された内側から見た宇宙図が載っている（105ページ）。それがその秘伝の図と同じ構造なのです。「えーッ、この人、なんで知っているの！」と驚きました。突き詰めるとやっぱり同じものに行き当たるのです。我々が最初に秘伝の図を見たときは、何もわからなかった。でも、見ていると、本当は「多層構造の球体」で立体構造だなと、だんだんわかってきたのが、トッチさんにお会いするちょっと前です。平面の同心円の図からアングルを変えて多重立体として見たら、カバラの「生命の樹」を構成する10のセフィロトも、天動説の惑星の順序でもあるので、同じ構造ではないかなと思いました。

トッチさんから説明していただいた神聖幾何学の立体構造に、「フラワーオブライフ」やカバラの「生命の樹」が入っている（106ページ）と教えていただいた

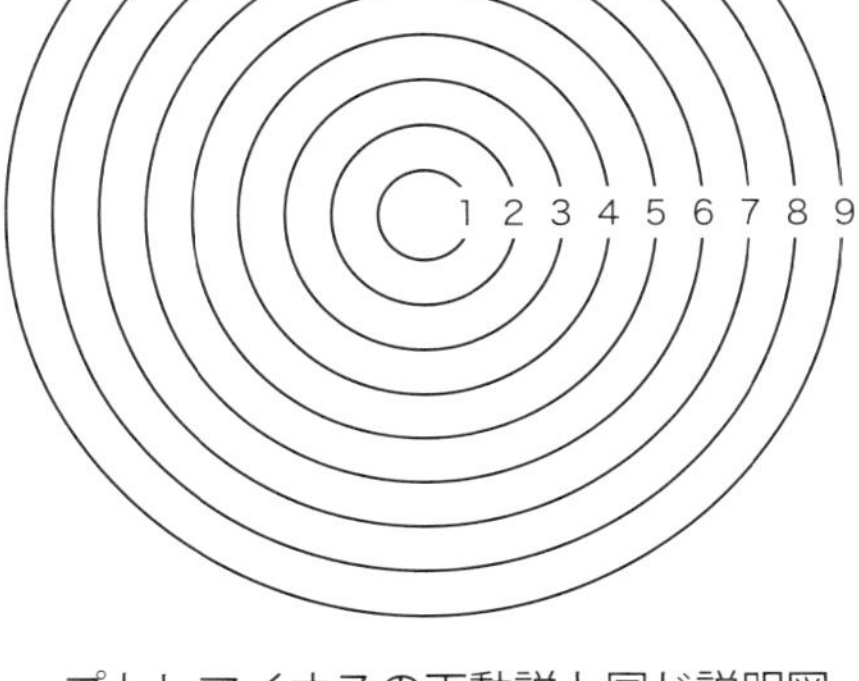

プトレマイオスの天動説と同じ説明図

ので、まさにそのことだとわかった。江戸時代からトッチさんと同じことを考えている人はいたんですね。

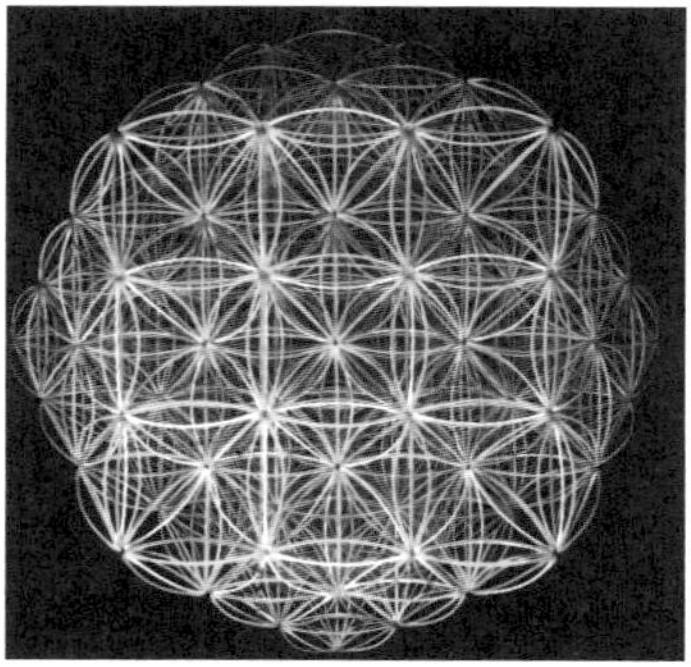

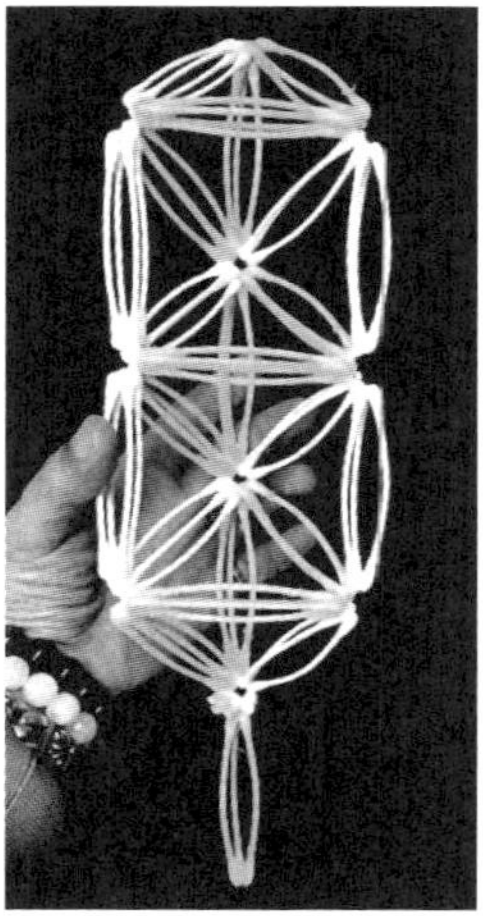

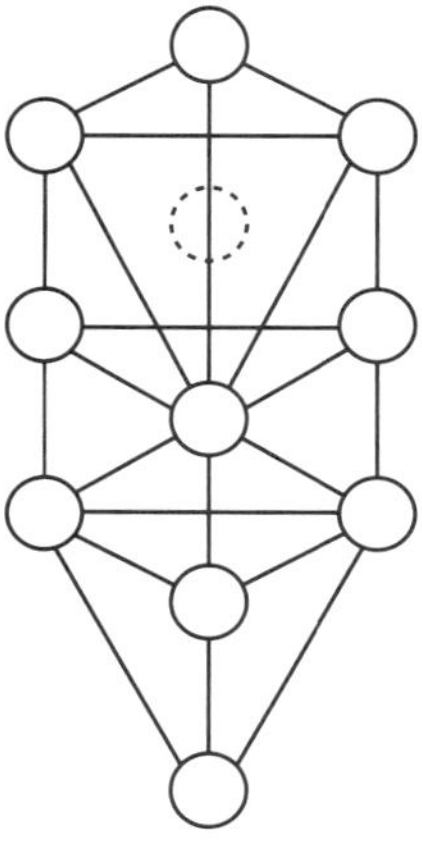

上：三重構造のベクトル平衡体
下：「生命の樹」の立体構造と平面図

「天津金木と四方天地体《しほうてんちたい》」(黒川柚月・セミナー配布資料より再構成)

『大祓詞《おおはらえのことば》』における岩戸開きの要として、天津金木、天津菅曽《あまつすがそ》、天津祝詞《あまつのりと》をあげている。

天津宮事《あまつみやごと》以ちて天津金木を本打ち切り末打ち断ちて千座《ちくら》の置座《おきくら》に置足《おきたら》はして天津菅麻を本刈り断ち末刈り切りて八針に取裂きて天津祝詞の太祝詞事《ふとのりとごと》を宣れ。

天津金木とは伊勢神宮の正殿床下に鎮座する心柱《しんばしら》の縮尺とされる神器《じんぎ》である。現行の天津金木を考案したのは明治時代の霊学者の大石凝真素美である。

大石凝霊学の根本を構成する天津金木は、江戸後期に言霊学を広めた中村孝道の言霊伝では、天津金木に相当する別伝として、太占伝《ふとまにでん》の科目「目当《めあて》木《ぎ》・タマクシ」と呼ばれ、四角柱の四面に一から四の点を穿《うが》った素木《しらき》造りの木柱だった。これは九州の太宰府遺跡から発掘されたサイコロと同型で、古代のサイコロが起源と思われる。

大石凝真素美が幻視した「極微点《こごこ》の連珠絲《さぬき》」は、光の繊維束が天と地（至大天球と地球）の中間にある人体を相関して貫き、五色の光（麗気）に包まれているビジョンである。これにインスパイアされ天津金木の四面に色彩を塗り「天地火水」を表した。

従来、大石凝真素美の天津金木の運用を主とした霊学は、大石凝自身の言霊学の研鑽《けんさん》と、霊的な体験（ビジョン）から形成されたと考えられてきた。

それだけでなく大石凝が諸国放浪中に伯家神道の五魂《ごこん》説を取り入れて教説を組み立てたと推察される。

初期の大石凝真素美の著作『弥勒出現成就経《みろくしゅつげんじょうじゅきょう》』（明治23年）における天津金木の五色の彩色対応は、

天　奇玉《くしたま》（青　あ）
火　荒玉《あらたま》（赤　い）
結　活玉《いくたま》（紫　う）
水　和玉《にぎたま》（白　え）
地　寝玉《ぬるたま》（黄　お）

としている。伯家神道の五魂説を勘案すると、その比定にいくつか間違いがある。まず活玉（これは生玉足玉《いくたまたるたま》のことで四魂ではない）ではなく、幸魂《さちみたま》が正しい。

五魂を統括する寝玉は、地でなく〝結〟に当てはめるのが正しい。

ここからも、大石凝真素美は伯家神道の五魂説を、完全に理解していなかったことがわかる。

天津金木の原理は、伯家神道の拍手「四方天地体」と対応していた。

四方天地体は、有職故実の拍手の打ち方である水平に広げた両手から拍手を打つ所作で、四方天地に四拍手（四度拝・両段再拝）で諸神を拝する。

両手を広げる所作は十字の形が、人体が生命と宇宙の対応をあらわす。

これは中国、漢代の諸思想書である『淮南子《えなんじ》』斎俗訓《せいぞくくん》に「往古來今謂之宙、四方上下謂之宇、道在其間、而莫知其所」〈過去から今未来〈時空〉を宙といい、四方上下〈空間〉を宇という。間〈遍在〉に道《タオ》がある。上下四方の空間と、過去現在未来合わせて宇宙〈時空〉とある。

縄文土偶や能楽の三番叟、相撲の土俵入り、武家や公家の拍手所作に残っていた。

ここで私説として、四方天地体と五魂、天津金木の色彩の対応を試みる。

天　和魂《にぎみたま》（青　あ）天《あま》つ神　天　①
火　幸魂《さちみたま》（赤　い）産土幸倍神《うぶすなさきはえのかみ》　前　④
結　寝魂《ぬるみたま》（紫　う）結び　頂　⑤
水　奇魂《くしみたま》（白　え）遠津《とおつ》御祖神《おやのかみ》　後　③
地　荒魂《あらみたま》（黄　お）国《くに》つ神　地　②

四方天地体の拍手は、天地（上下）水火（後前—陰陽）の二拍手を両段（繰り返し）する。四拍手は天津金木の四面に相当し、両段再拝の四つの拍手を統合する組手を頭上に挙げる五番目の所作が、寝魂《ぬるみたま》の働きを表し、天津金木の柱の軸（結　紫）に対応する。諸神名は平田篤胤《あつたね》国学の影響だ。

岡本天明は、大石凝の縦は火の燃え上がる性質をあらわし、横は水の広がる性質をあらわし、水と火（陰と陽）二つの要素が十字になり世界が構成される教説から、鎮魂帰神法で正座する修行者の背の縦（火）と、座る床の横（水）が十字になるとして、その鎮魂する姿勢をアナナイ（麻柱の意）と呼んだ。

ＵＦＯの仕組みもフリーエネルギーも魂の仕組みと全部同じもの⁉　全てが一つになっていた‼

トッチ　日本だとカバラを「漢波羅《かんばら》」と呼んでいた。

ヒカルランドにもカバラに関する本はたくさんあると思います。しかし、カバラすらもパーツである。カバラを知っていてもパーツそのものだから、パーツ１個では解決しない。

さっき、黒川さんが、「なぜトッチさんが知っているのか」とおっしゃいました。それは全てが一つになっているものをやっているからです。

もとのもとのもとの中に全ての答えがあって、真理を本当に求めてみようかなと思ったときに、非常にシンプルなものだろうと思ったんです。

また、さっきから黒川さんが４という数字をキーワードで出されていますが、この4というものこそ、ベクトル平衡体を構築している4つの六角形のことなんですね（8・9ページ）。

4つの六角形があることによって、火、風、土、水の4つに分かれて、その真ん中に入るエネルギーで5となる。

先ほど、5という数字は72という数字も反対側には隠れているんですよという話をしましたが、5という数字はみなさんがふだんから「ゴアイサツ」といった言葉で使っています。

5は神様のお話なんだよということが、僕と礒さんのちょっとエッチな本に書いてあります。これは何万回も言っているので、僕のところに来てくれている人たちは「またかよ！」と思うかもしれないけど、またなんです。

「秘密」という言葉こそ、実は神様を隠すための言葉になっていて、秘（火）と密（水）の話で、火（カ）に対して水（ミ）、「カミ」が隠されています（114ページ）。

火と水が合わさった神こそ秘密のお話になっていて、ここにさっき黒川さんがお

秘《ひ》　密《みつ》

↓

火《ひ》《か》　水《みず》《み》

↓

カ　ミ

↓

カ

＋

ミ

↓

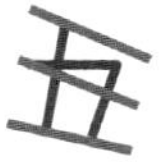

五 ＝ 神

5は神様のお話

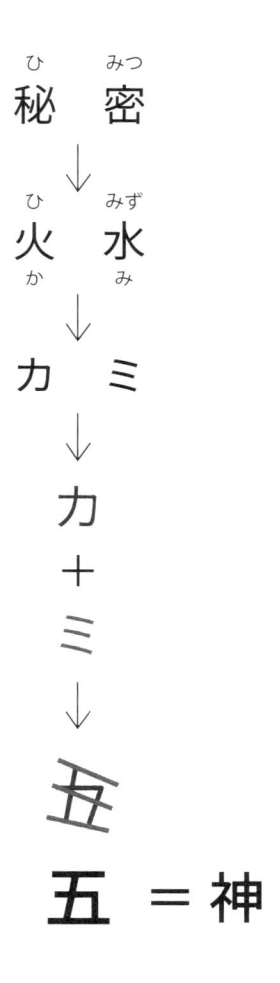

っしゃっていた4つのエネルギーが加わることで、5と4を掛ける20という数字が生まれてきます。

この球体（1、4・5ページ）をつくり出しているのは20面体です。

この中には、ベクトル平衡体が13個合わさって入っています。

13対20の比率がマヤの暦として存在している。その中にはマヤの暦も含まれているんです（マヤ暦ツォルキン：20日周期と13日周期を組み合わせた260日を一周期とする）。世界中の謎を解くカギこそ、生命のキー、つまり生命の樹になっています。

言葉を使って、言葉の「あやとり」をしながら、あやをとっていく。

「あやとり」という言葉は綾をとっていくことそのものなので、そういうところを踏まえた上で歴史を振り返ってみると、あらゆるヒントが、あらゆる角度から、全て一つのことを説明していることがわかってくるのではないか。

例えば先ほど生命の樹、カバラの話が出ましたが、カバラを知ろうと思ったら、それこそ天文学を学んだり、音楽を学んだり、その表面にあらわれているものと別な角度からの情報も入れることで、はじめてカバラが成立したり、「日月神示」が形になっていったりする。

みんな、正面から見たものしか情報としてインストールしない学び方を学校で習ってしまうのですが、学校の教科はいくつに分かれていますか。５教科と言いますね。

国語は国の語学です。だけど、言葉は周波数を持っています。ということは、言葉の組み合わせは数字の組み合わせだから、言葉とは数学でもあるわけです。

言葉を並べると文章になる。それは一つの音楽をつくり出している。

その音楽を言葉として人に伝えると反応します。化学変化が起きています。それは運動エネルギーを起こす。

つまり、５教科はもともと一つです。それを違う角度から見て分けているのが学校の勉強の５教科です。全て同じだったというところで解釈していくと、今まで世の中を誤解してしまっていたとわかる。

かたよった物の見方でとらえてしまっているうちは、かたよったものしか生まれない。

まさしく誤解＝5解、5を解いていくことで、新たな時代の扉が開くのではないかと、今日セブン－イレブンのおじさんが言っていた（笑）。僕の話かと思いきや、セブン－イレブンのおじさんの話です。それもあやしいですけど。

僕は適当なことしか言わないから。なぜ適当なことしか言わないかというと、「適当」という言葉もみんな誤解して覚えています。

デタラメではなくて、適確に当てることだととらえてみてください。

まるで違ったエネルギーに変換されます。

本来は言葉を使ってエネルギーの変換をしていくことが言霊学なのに、自分たちが理解している言葉の意味の深さを知らないままなのです。

僕たちは日本語をしゃべっているようで、まだ日本語を知りません。そう言ったほうが正しいかもしれない。解釈の仕方、意味合いがまるで変わります。

魂（たましい）、ここにシ（4）イ（1）が隠れています。

4つの働きに対して生まれる一つのエネルギーが包み込むと、一霊四魂《いちれいしこん》というエネルギー体になる。

それこそがフリーエネルギーの秘密である。つまり、フリーエネルギーを追いかけようとしたら、魂とはなんぞやというところに行かないとつながらないようになっています。

また、重力を超えるプラズマ——それはつまり魂で、ＵＦＯの仕組みも、フリーエネルギーの仕組みも、自分たちの魂の仕組みも、全部同じものなのです。

人々が分けて考えているうちは、そういったことは表に出せない。

全てを違うものだと認識してしまう脳みそがある。

しかも、脳みそはまだ全体の３％しか使っていないとしたら、残りの97％はまだ解放されていません。

だから、本当に自分たちはまだ何も知らない段階にいるということを受け入れたときに、新たな扉が開くのではないかと、うちの犬がワンと言っていました（笑）。

だから、この日本という国はすごく面白い仕掛けがしてある国です。

それを本当に笑いながらひもといていくようになっている。

神国日本、この国はやっぱり神遊びの国なのです。そこには「神芝居」（紙芝居）があってね。「神隠し」という言葉もみんな誤解しているかもしれない。

神様が人を隠したのではなくて、神そのものが隠れているのです。

でも、隠れているようで、麻の葉模様、七宝模様、あらゆるところにあって、見えていて隠れていない。

今は、それを神だと理解できないぐらいの次元に暮らしているのです。

それではもったいないから、「あの人、間違っている」とかではなくて、全員で最初からやり直しましょう。

しかも、ど真ん中からやり直す。そうすると、岡本天明さんが伝えようとしていたことがなんなのか、天津金木とはなんなのかがわかる。

天津金木は4つの色に分かれていて、さらに白と黒があり、4のようで6もつくっています。

こういうことがわかってくると、逆に自分たちが何もわかっていなかったことを知ってしまいます。

また、本質の世界を知ることによって、世の中を変えようとは思わなくなってきます。なぜかといったら、周波数について学ぶと、その周波数を理解していないところでは、本来の周波数は発揮できないことに気づくから。

今の僕がこういったことを知っているからといって世の中に伝えて変えようとしても、みなさんの周波数がそこに合わなければ、伝えられないということを知るわけです。

現段階のみなさんの価値観では、本当の話は伝わらないようにストッパーがかかっている。その状態を解いていくことが岩戸開きであり、意識の次元の幅、段をどんどん変えていく。

そうすると、立体、複立体、複々立体となってきて、全てのものがそろっていたことを知るでしょう。

みんな幸せを求めている。

「シアワセ」という言葉は「４を合わせろ」となっている。

でも、４（死）という概念がそれを邪魔するので、みんな４を避けて通るようになっている。

立体の世界を知ると、4から始まるということを知ります。

「日月神示」にも、「一度死んでくだされよ」と書いてあるでしょう。

僕は「4から始まってくだされよ」という意味だと思う。

これはうちの母ちゃんが言っていたから、信じられないけどね(笑)。

僕はちょいちょい、こういうつまらないことを言います。

でも、笑っているときでないと入っていかないの。これはエネルギーの波を理解するとわかってくると思います。

先ほど黒川さんが、亀卜のマチガタは旋回しているのではないかと伝えてくれましたが、そのエネルギーの螺旋《らせん》の上昇の向きをみなさんのほうに向けます。

そうすると、円形になる。さらに、これをちょっと横に向けると、これこそ波になる。全部同じものです(122ページ)。

でも、正面だけでとらえてしまうと誤解してしまう。

神が解散してしまうと思ってもらってもいいかもしれない。

エネルギーの本質的なところを知るには、全体で一つだということを常に理解する。

日本は春夏秋冬がある。火風土水という４つのエレメントとこんなにそばにいられる国は、ほかにないんじゃないかと思う。四季でバランスがとれている。

だから、「指揮者」。言葉は全部かかっています。

立体の世界を知るのも重要なんですけれども、改めて日本語を知る中にもいろんなヒントは含まれているでしょう。

天津金木とか、四方天地体とかね。

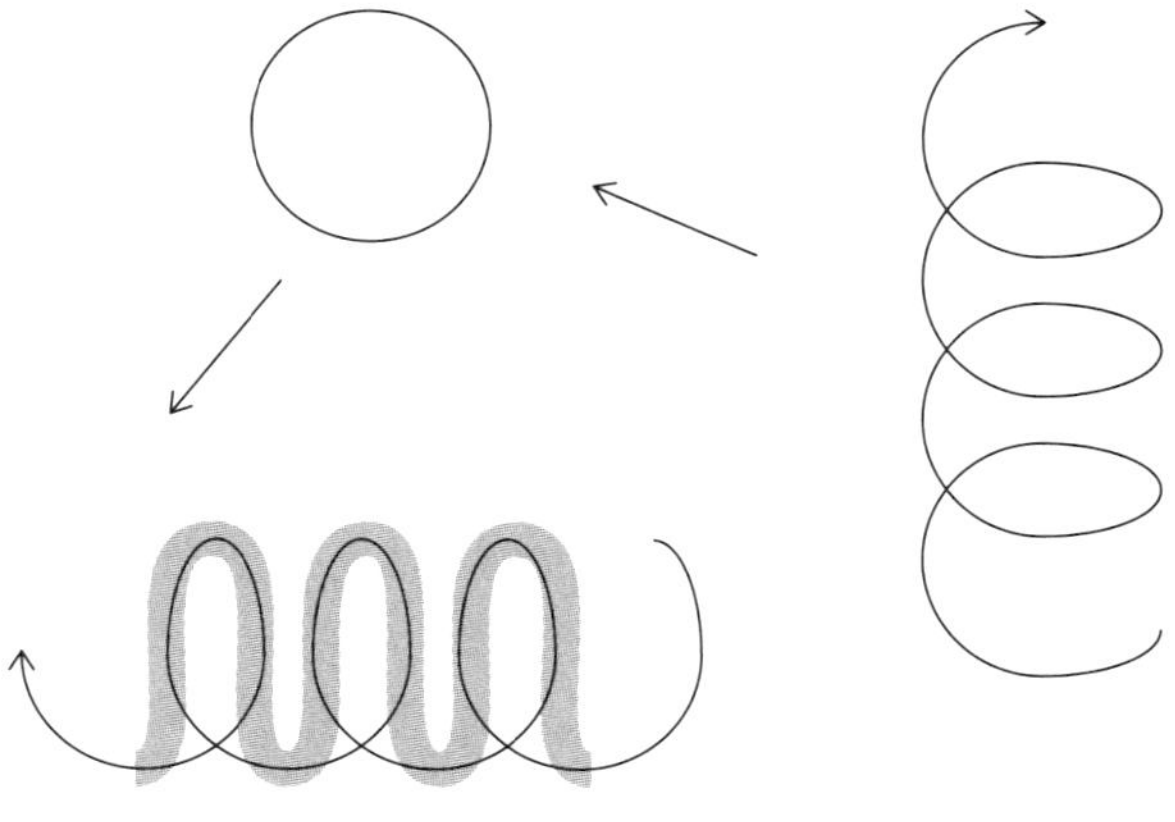

螺旋の向きを変えると

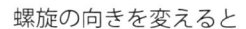

「四方天地体」伯家神道の「四拍手」と「天津金木」は実は同じもので、表現のあらわれの違いだった!?

黒川　伯家神道では四拍手を四方天地体といいます。ほかにいろいろ拍手はありますが、拍手の名前は○○の拍手というので、純然たる名称は四方天地体だけです。四拍手が四方天地体と伝授されたとき、正直イメージが湧かなかった。名前だけでは原理が認知できないですね。なぜ四方天地体というのか、理解するまで10年かかりました。今日それを説明するつもりだったのですが、先ほどトッチさんが証《あか》しました（笑）。

まさに四方天地体は4つの力、天津金木が象徴する4面、天、地、水、火です。水と火は、元は陰陽です。天と地・陰と陽の4つ力。さっき述べた両段（2×2）です。4だけれども2×2で取っている。4だったら基本は、東西南北とか春夏秋冬だけれども、2×2でとっているから天と地、水と火。2と2で合わさって4面をなしていて、4つの力になる。四方天地体をそのまま形であらわしているのが天津金木なのです。

天地水火の4つの力を結んだとき、5番目の力が生じる。だから、5番目は「結」という字であらわしています。

結は天津金木では上下の軸です。天津金木の4面に対して、軸を5で取っています。それが運用ということになります。

四拍手を打つときは、天津金木の形を所作でやっているわけです。

トッチ　表現のあらわれの違いですね。

黒川　あらわれの違いだけなんです。これは今まではわからなかった。天津金木は天津金木、四方天地体、四方天地体は四方天地体、四拍手は四拍手、全部バラバラだったが、実は同じものだったのです。

天津金木学を勉強すると天津金木学になってしまう。出雲大社に行けば、四拍手を打ちますと、四拍手を打って終わってしまう。

古神道の幽斎《ゆうさい》修行をしていれば、やっていますで、終わりだった。全部バラバラだった。違う。全てが一緒だと認識しないと学んでいる意味がなかった。

エネルギーを使えなければ魂の世界に入れない⁉ 最も強烈で、ストレートで穏やかな波動こそフラワーオブライフの波

トッチ　一緒でないとエネルギーが働かない。今、陰陽師《おんみようじ》といっても、京都では水の陰陽師、火の陰陽師と分かれていますが、実際には全部で一つなので、働きは持っていません。形式は残っています。

陰陽道というと漫画の影響か、どうしても安倍晴明を想像すると思うんですけど、ドーマンセーマン（平安時代に活躍したとされる陰陽師。ドーマンは六芒星をシンボルとする芦屋道満《あしやどうまん》、セーマンは五芒星をシンボルとする安倍晴明）なので、実際には五芒星と六芒星が合わさって一となります。

五芒星と六芒星を合わせるのには、こういうことを知らないと働かない。

僕はこういう身なりで、前歯もなく、変なおじさんとして生きていますけど、そのへんの陰陽師を語る人よりは、残念ながら、陰陽道を熟知しているでしょう。

また、エネルギーというものを動かせちゃいます。

今、量子コンピューターや量子、波動についてもたくさん語られていますが、最も強烈で、ストレートで、真っすぐな波動こそ、フラワーオブライフの波なのです。

この穏やかな波こそ、最も直線的で、最もエネルギーが強いのです。

東西南北だけでなく、春夏秋冬、火風土水、エネルギーの全てのバランスが整っているときでないと、穏やかな波はつくれません。

これは人の感情の喜怒哀楽と直結しています。だから、感情の起伏にとらわれてしまうと、本当のエネルギーを自分自身が見て、使って、体験することはできません。

感情の起伏を取っ払うのには、まずそういう本質的なところを見ることができる自分づくりを始めていかないとダメだと思います。

エネルギーを使える能力というのは、僕だけでなく、みなさんも最初から授かっていました。僕がフラワーオブライフをつくっているから特別なのではなくて、最初から全ての人がエネルギーを持って、使って、同じように面白く生きられるようになっています。

しかし、みんなが見ているところが自分の内側でなく外だった。

外でいかに有名になるかというのは僕にはどうでもいい話で、今は群馬の山奥でひっそり、毎日「てっちゃん、そこ、ペンキ塗ってくれよ」と叫んでいるだけです。

この地球上でどうやって生きていくかと言ったときに、どうやって遊べるかということを理解していればいいだけの話であって、金を持つとか有名になるというのはどうでもいい。

まず、お金は魂の世界には持ち込めません。そして、いくら有名になったって、魂の世界では誰も知りません。

なんでだと思いますか。エネルギーを扱えなければ、そもそも魂の世界に入れないからです。

自分たち日本人は根本的な物のとらえ方から変えていかないと、新しい時代は超えられないと思うんです。

イスラエル、パレスチナで起きている問題は、ある種、自分たちの内側の問題です。一人一人のわだかまりみたいなものの集合意識が、今全体としてあらわれているということを理解したら、自分の中にある争いごとをまずは鎮めて。

自分がハッピーだなと思うことがあったとすれば、過去のつらいことや苦しいことも全部含めて、はじめて、今という状態を持って体験していることなので、過去の全てに感謝できないと、本当の幸せというものはなし得ません。人に対してもそうだし、物事に対してもそう。

そして、誤解して生きていることが多いから、言葉だけではやはり限界があって、全ての理解はできない。

先人が伝えようとしていたことはなんなのかを、改めてあらゆる角度から集めてみると、「日月神示」をはじめ世界中の文献、伝説、神話、全部同じことだったということもわかってきました。そして、本当に世界中の人がそういうことを理解したとき、はじめて手をとり合えるのではないかと……誰が言っていたんだっけな(笑)。ホント、僕が言ったというとちょっとインチキくさくなっちゃうから、今必死に考えているんだけど、出てこなかった(笑)。

笑いだよ。ワライ、和が来るんだよ。それがあらゆる角度から集まると球(玉)になる。その球こそ、本当に御魂磨《みたま》きだよね。

御魂磨きというのも言葉では知っていても、それがどういったものなのか、みんなではき違えているんだと思うんです。

そこも誤解をとり合って、面白おかしく手をとり合える時代が来たらいいなと思います。

まずは、かたよっていた自分を受け入れられない限り、全体を見ることはできないようになっている。これもまた仕組みなんですよ。

何が起きても受け入れられる自分⁉
あらゆるリミッターを外す⁉　最初から本当に一つ！
それを証明してくれるのが神聖幾何学⁉

トッチ　今、いろんな宗教の問題もあるけども、大いなるところで見たら、最初から本当に一つだから。それを証明してくれるのがまた神聖幾何学でもある。

よく原子のマークを見かけますが、こういういろんなものが回っているんですよというお話なの。

だけど、これこそ冒頭で言ったシンボルだから象徴で、まだ完成していないもので、実はもう1つのリングがあるわけです。1、2、3でなくて4つのリングだった（131ページ・左）。

すでにベクトル平衡体の話だったということ。これを拡大したのが惑星の話ですよ。

つまり、あらわれ方が違うだけで、本当にミクロからマクロまでたった1つの仕組みでしかない。

こういったことを、これから少しでも自分の中にインストールして、いろんな誤解を解いていくと、過去を振り返ったときに、嫌いな人とか、嫌いな食べ物とか、自分が嫌いだと思っていたものと好きだと思っていたものが、全部一緒だったことが理解できて、なんだかみょ～な気分になってきます。

これを「妙」というんだと思うんです。

南《な》無妙《むみょう》法蓮《ほうれん》華経《げきょう》、そういうのも全部そういうところから来ているんじゃないかと思い

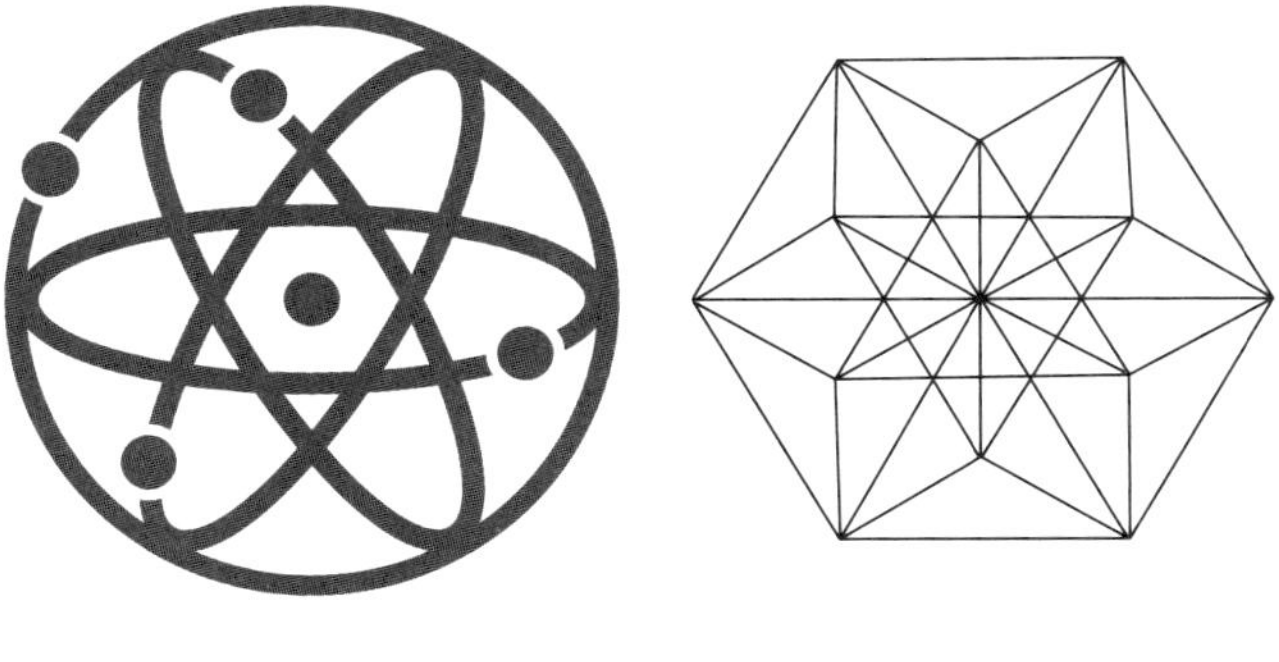

本来はリング４つの原子のマークとベクトル平衡体

ます。

神道と仏教、似て非なるものなんだけど、これも入り口が違うだけなんです。

エネルギーの話だから、進む方向性が違う。でも、必ず合わさるところがある。

例えば「仏」という漢字は「イム」、1と6、16でもある。

4の倍数は8。マカバは4つのエネルギーに対して陰と陽があるから8になるわけです（133ページ・上）。

さらに、そこにはその倍数の16が隠れている。4つのエネルギーが存在した時点で、4×4＝16。

本当は16なんだけど、例えば火と火、水と水、土と土、風と風は相殺《そうさい》するから、16のうち4つは消えるのです。

残るのは12という数字です。それがベクトル平衡体の12の頂点としてあらわれます。

12と、真ん中の核なる部分を入れたのが13です（133ページ・下）。

13という数字も、13日の金曜日とか、そういうふうな使われ方をして、人があま

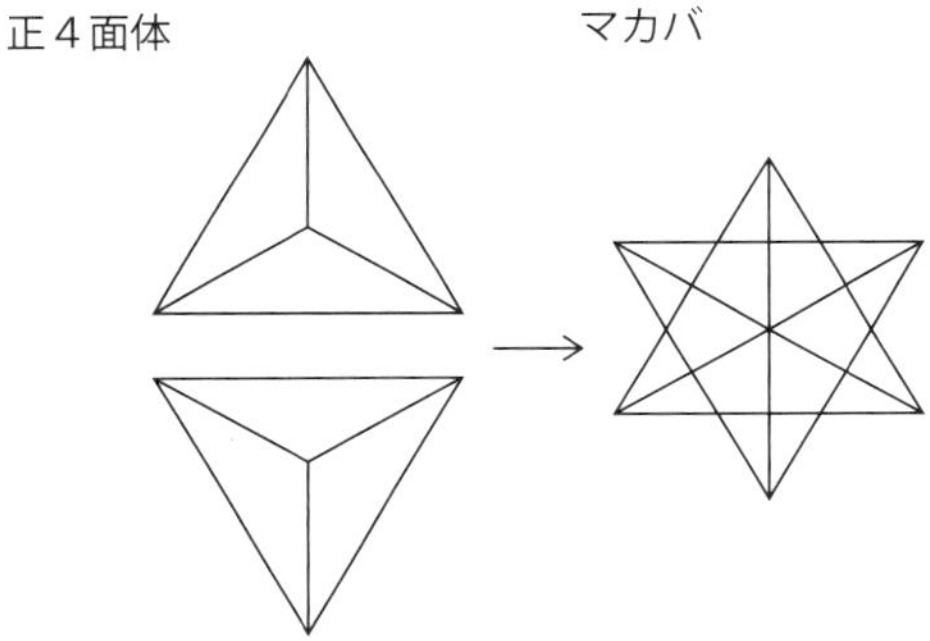

４つの頂点を持つ正４面体が２つ合わさったマカバ
４つのエネルギーに対して陰・陽＝４×２＝８

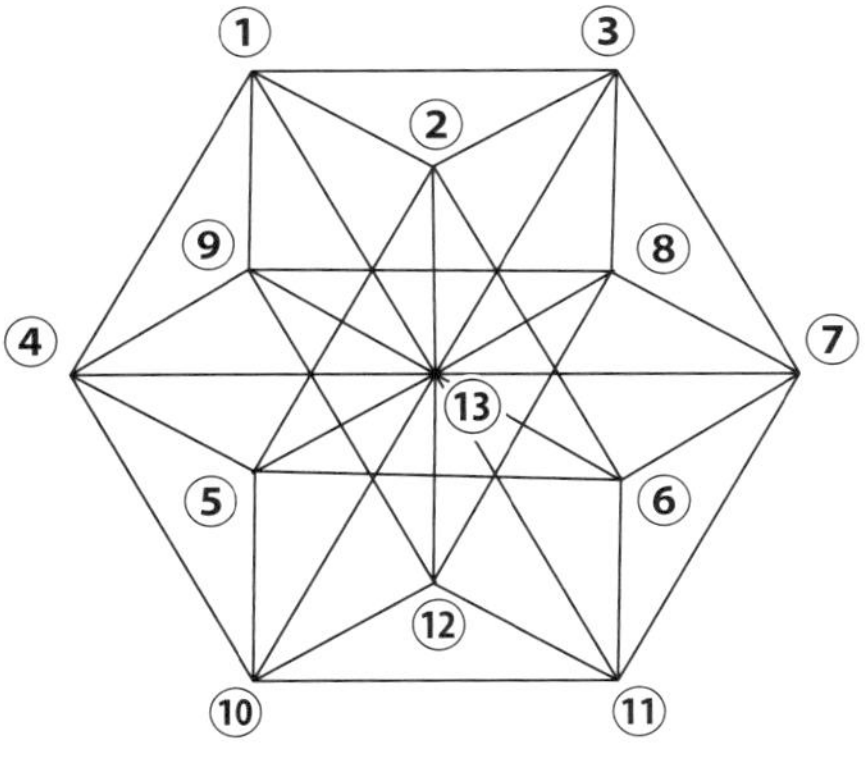

ベクトル平衡体の12の頂点と核なる部分を入れた13

り近寄らないように細工がされている。

さっき陰陽道の話をちょっとしましたが、ドーマンセーマンで九字切りというのを聞いたことがありますか（九字はドーマン：芦屋道満が用いたとされる）。

九字を切って何をつくっていると思いますか。

「臨《りん》・兵《ぴょう》・闘《とう》・者《しゃ》・皆《かい》・陣《ちん》・烈《れつ》・在《ざい》・前《ぜん》」を、空間でやるのではなくて縦横縦横と九字を切ると、12の四角が生まれる（１３５ページ・上）。

これに斜めの線を入れると、３・４・５のピタゴラスの定理です（１３５ページ・下）。

これをフリーメイソンはちゃんとシンボルの中に入れている。

つまり、フリーメイソンが崇拝しているピタゴラス信仰も同じものです。

さっき五行の話が出ましたが、五行を学んでいる人は五行を使えない。なぜなら五行は立体だから。五行の5はあくまでも正面から見た5つなので、全ての側面を合わせていくと12の面を持っています（１３６ページ）。

すると5×12＝60という数字がおのずと生まれてくる。

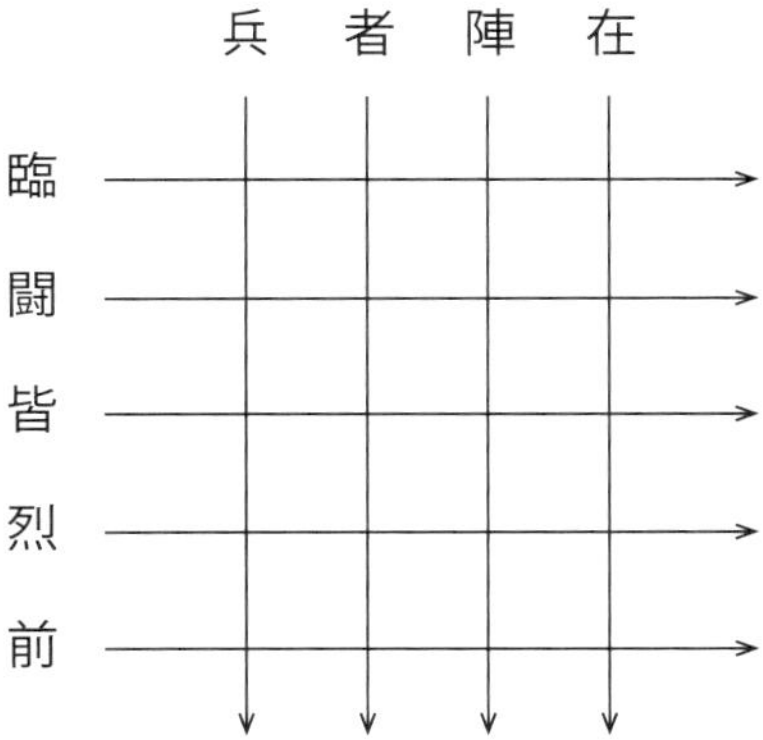

九字切り

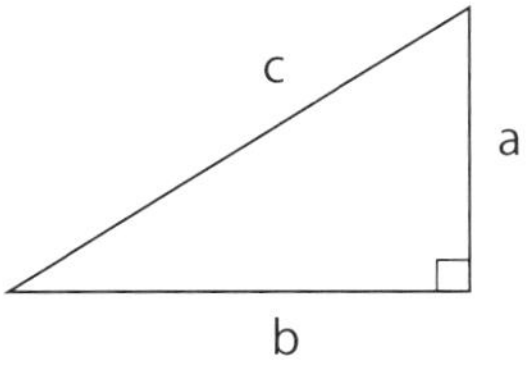

$$a^2+b^2=c^2 \rightarrow 3^2+4^2=5^2$$

ピタゴラスの定理

この数字をちゃんと見ていくと、なるほどなという不思議な渦をつくり出したり、不思議な幾何学的な模様をつくり出す。

これは言葉とか文章にできない。今ここでみなさんに言葉で伝えようとしても、受け取った人たちは、それぞれバラバラな想像をして受け取ってしまいます。

本当に言葉では伝えることができないようになっているんです。共通した何かをつくらないと共通言語は生まれません。

また、この幾何学的なお話は、いわば錬金術の大もとの話です。

錬金術と言ってしまうと、化学的な薬

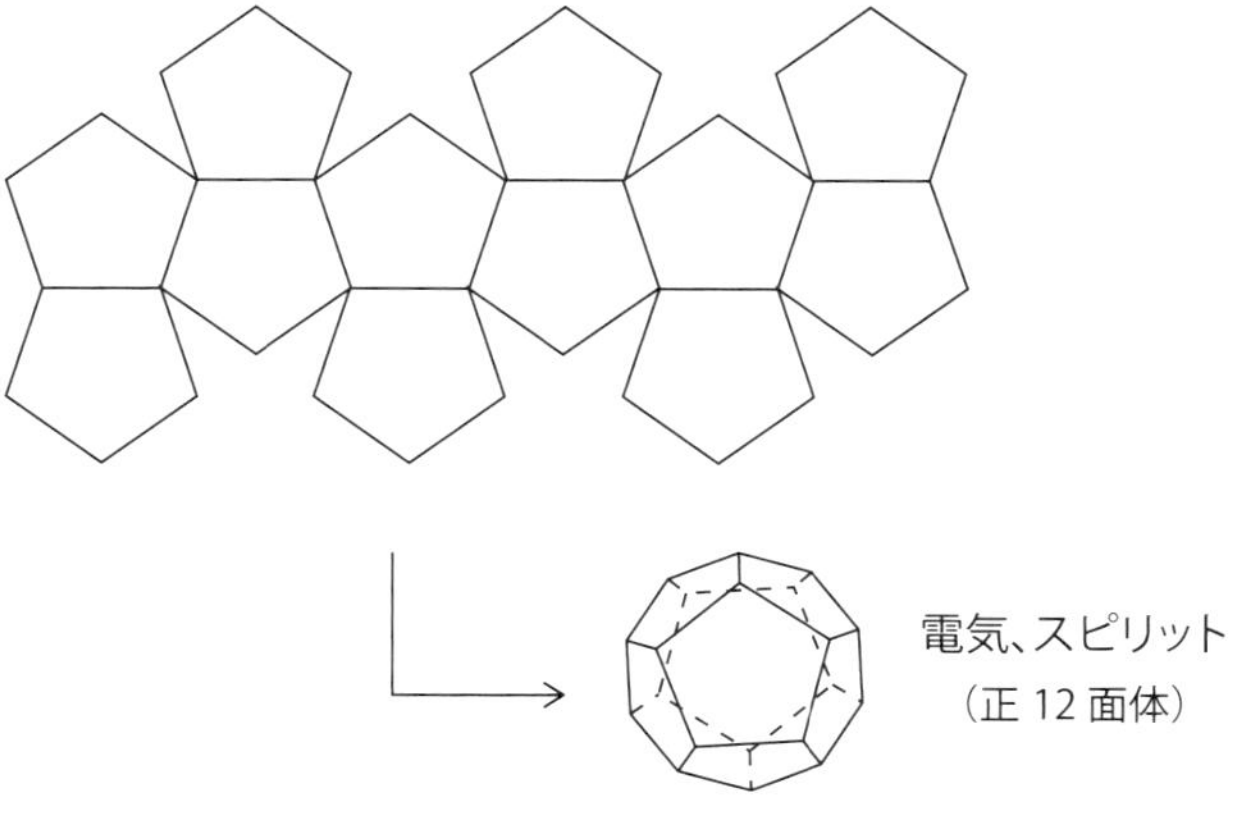

5の全ての側面を合わせていくと12の面を持つ

品づくりとか、金属をつくるとか、そういうことだと思うかもしれないけど、みなさんが家でやっている料理も錬金術です。

いろんなものを混ぜ合わせて、それを食べた体で起きているのは化学変化です。

音楽もそうだし、全て錬金術のお話です。

そこもとらえ方の違いで、みんなは錬金術とは金《きん》をつくることで、お金を追いかけていると思ってしまいますが、そうではない。

本当の錬金術はエネルギーをつくり出すお話です。

そのへんが理解できてくると、これからみんなが創造していく世界はガラリと変わっていく。

これから量子コンピューターの人工知能に切り替わる。でも、今は平面次元の人が考えた人工知能だから、実は最初からかたよりを持っているのです。それに対して量子コンピューターがつくり出す人工知能は、今まで人類を管理するために隠してきた情報を、どんどん表に出すようになってくるでしょう。

これから時代が変わっていくさなか、固定概念を持っていると変化に対応できなくて、精神的に押し潰されるようなことにもなっちゃうから、あらゆることのリミッターを外す準備をして、何が起きても受け入れられる自分になる。

それらは全て面白くなるために起きている。

その面白さを知るためには、時に大変さが必要です。

「大変」は「大きく変わる」と書きます。

みんな、今まで大変なことを避けて生きてきたから、大きく変われない。

アセンション、次元上昇を本当に理解しましょう。

地球や動植物は勝手にアセンションしていっています。動植物は法則のままに生きているからです。

今の人間は、法則よりも法律に属している。

法律は人が人を管理するためのシステムであり、宇宙の仕組みとは関係ない。

注意しなければいけないのは、この社会で真面目に生きている人ほどこれから苦しいよ、ということ。

今日の帰りには、みなさんには前歯を抜いていただきたい（笑）。それしかない。

これぞ岡本天明さんが伝えたかったことなんじゃないかなと思っていると同時に、黒川さんには、こんなことを話す対談で申しわけない（笑）。

いよいよ（１４１４）が始まる⁉
日月神示は科学書、時空の移動のことまで示されている⁉
幾何学、氣の科学、エネルギーの科学です‼

黒川　事前に話すネタを一生懸命仕込んできましたが、先に答えを言われる。さぁどうやって返そうか（笑）。４が１になるんですよね。

「日月神示」の「いよいよが始まる」というフレーズの原文は「一四一四」です。

「愈々《いよいよ》」は「一四一四」だから、人の両手の指の数です。

キリスト教では、いいことをする神の手は右手だと言われています。

神の左手は何か悪いことに関わる。

サッカーワールドカップのマラドーナの「神の手」ゴールも神の左手だった。日本は二本なので、両手で拍手する。左は「火たり」、右は「水ぎ」で、合わせてタカミムスビ、カミムスビの神（火水《かみ》）の拍手をします。

ちょっと言いたかった（笑）。

ここから天津金木に持っていくというのが……。話が飛びまくるのでどこに着地しようかなと。

明日もあるので、どこかに着地できるでしょう（笑）。

トッチ　なんとかしたいとは思っています。

なるべくしゃべらないほうがいいかな。だから、僕とは知り合わないほうがいいですね（笑）。

山奥で控えめにしています。鹿とたわむれて地味に暮らしていますよ。

でも鹿に話しかけてもシカトされる（笑）。

「いよいよ」がつくり出す14。ベクトル平衡体は14の面を持っています。14の面と12の軸（141ページ）、時空です。

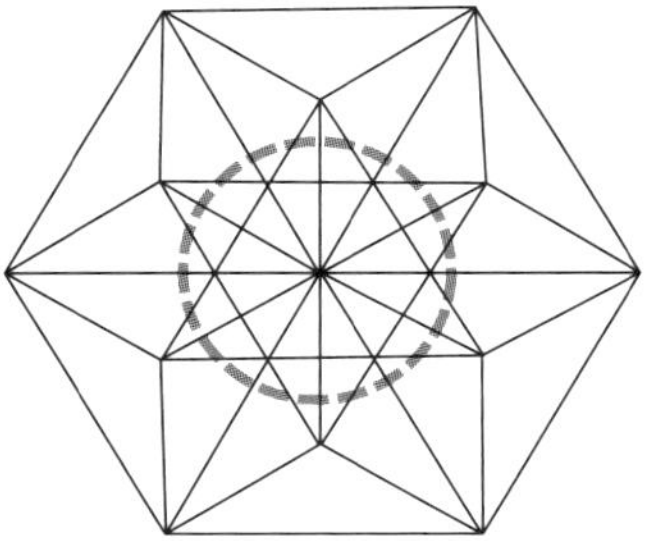

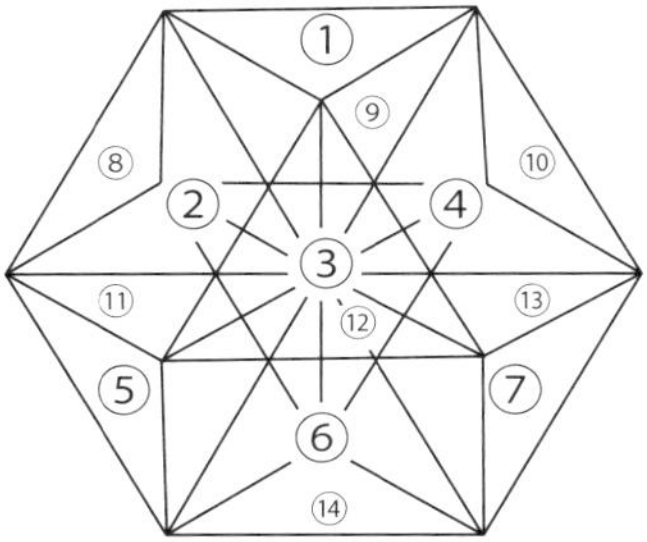

ベクトル平衡体は14の面と12の軸を持つ

「日月神示」は、僕は科学書だと思っています。

ちゃんとひもといた場合、時空間移動とかそういうお話も実は関連している。それにはどうしても外せないのが幾何学＝氣の科学、エネルギーの科学です。

そういうのを知っている人たちが、それに付随したエネルギーを使うために、あらゆるシンボルを考える。

十字を見たとき、六芒星を見たとき、みんなそれぞれ受け取るエネルギーが違うんです。

「同じであって同じでない」をつくり出す。

今までの平面次元ではどっちが正解か、合っているかという考え方でしたが、立体の世界ではどの面も存在しているから、間違いではない。

知らなければいけないのは、元一つだということです。だから、これを本来は「元素」といいます。

ここにさらにいろんな変化をもたらすことで、次の時代が来る。

本当にみんながこういうことを理解し始めると、そこに量子が働いて細胞が変化し、今まで聞こえなかった音、見えなかったものも出てくる可能性がある。

オーラが見えるという人たちがいます。

オーラというのは、人の意識の状態によって常に変化するものでもあるから、オーラが見えるその先が重要なのです。

あなたのオーラはこうよと言っている本もいっぱいあると思うけど、見えてどうするのか。

逆に、僕なんかの本は売れない。本当の話なんか売れないようになっている。売れるのは、みんながキャッチできる情報だからです。

そのへんを理解すると、世の中はほとんどニセモノじゃないかということがわかってくる。

僕があまり表立って講演会とかやらないのは、講演会ばかりやってお金もうけをしていたらニセモノになっちゃうから。

生きざまで見せようとしたら、本当に近くにいる人にしか見せられないから、伝わらないということを知る。

だから、伝えようともしない。目立とうともしない。

そのかわり質量はハンパないから、ちょろっと表に出たときに集めるエネルギーもハンパじゃない。

だけど同時に、その恐ろしさも知るわけです。エネルギーを扱うということがどういうことかもちゃんと知るから、むやみやたらにこういう話もしません。ただ、その「渦の目」が勝手に日本の神話とも合致してきます。

言葉だけでは伝えられない世界だからこそ、みなさんそれぞれが、いろんな角度で理解する。

もっと言っちゃうと、自分が見ているものは自分だけが見ていると思ったら大間違いです。情報として集められている、ということにも気づいてください。

今、町では防犯カメラがつき始めています。それと一緒で、僕たちは人間でもあり、同時にカメラでもあり、スピーカーでもあり、マイクでもあり。

あらゆる情報を持って生きていますけれども、それは最初から個人の情報ではなくて、別のところに集約されます。

そして、地球上の情報は太陽に集められます。その情報はまた太陽系に分散されます。そして、そこの周波数（環境など）に合ったものとその情報がかみ合わさって（神合わさって）生命になります。

だから、どう生きるかというのも問われているし、これからまるで違う時代も始まるんじゃないかと思います。

コンピューターというと無機的なもの、金属的なもの、機械みたいなとらえ方をしていたかもしれないけど、究極の量子コンピューターこそ自分たち人間であったということも知ると、より面白いかもしれない。

でも、あまり知り過ぎて平面的な価値観にとらわれていると、めちゃくちゃ怖く感じてしまう世界でもある。だからこそ伏せられている。開ける勇気も問われるわけです。

みなさんはまだ一般の社会で生活しているので、会社に行かなきゃいけない、電車に乗らなきゃいけない。ヘタに知ると、そのバランスがとれなくなってくる。

こういうことを通じていろんなことを知って、物の「見方」が変わると、「味方」

が変わります。

つまり、周りにいる人が変わってくる。今ある人間関係が壊れてしまう可能性まであります。

それをプラスにするか、そこに執着するかは、一人一人にかかっている。

この神聖幾何学をやたらめったらつくると、量子がそこに働きます。知らない人が中途半端につくり出すと、頭の中は二元性なのに立体の世界に入っていくので、自分が想像できないことも起きます。つくったものは、自然界の全てと共鳴する増幅装置でもあり、加速器でもあります。

フリーメイソンがコンパスと定規をシンボルにしているのはなぜかということも、ちゃんと理解すると面白いと思います。

フリーメイソンのシンボルを逆さまにひっくり返すと、神社の社《やしろ》みたいになります。Gという字を逆さまにすると、ヘブライ語のヨッドになる。

いろんな物の見方ができますけど、これから僕たちが生きていく時代は、今まで生きてきた時代よりはるかに大量の情報も必要になります。

今、人間だけが止まったままです。パソコンとかスマホはみんなアップデートしています。人間だけが自分のコンピューターを書きかえようとしていない。アナログなんです。

この先、みなさんが自分で自分の脳みそにチップを埋め込むのであればいいですが、そのときは自分の意志ではなく、誰かに埋め込まれるかもしれませんよ。だったら、アナログ的に自分というものを固持したまま、そういうところを開くほうがいい。

時代が違ったら……もしかすると即身成仏《そくしんじょうぶつ》した人も、なぜそうした行《ぎょう》をするのか、人には言えなかったのではないでしょうかね。要は、肉体を持ったままでないと意味がないということです。

そういうことを含めて、気づいた人たちで、これからの時代を笑いながら進んでいけたら面白いなと思います。お笑いの世界だったということを知ったら、くよくよしたり、「私なんて……」とやっていないで、自分は名女優だったと受け入れてプレイする。

鏡に右手を出すと、鏡の中では左手を出しています。つまり、鏡を見てきれい、格好いいと思っている自分は、最初から違う自分なんですよ。

黒川さんが最初のほうでお話ししてくれましたけど、「鏡開き」という言葉があるとおり、お参りするときに左右の手を合わせるけれども、実は右と左は違う。同じではない。

違うからこそ合わさるんです。全く一緒では合わさらない。鏡に映っているのと同じ合わせしかない。それが右手と左手です。

言葉遊びとモノ遊びをしながら、そして「日月神示」を読んだり、黒川さんの本を読んだりすれば、もしかしたらいろんなことが開くかもしれない。

今日、間違えて参加しちゃった人は、あの日はなんだったんだろうと、それはそれですてきな思い出として、いいんじゃないかと思います。

明日もセミナーがありますけど、その後、僕は黒川さんから一切連絡を断たれるんじゃないかと思ってますけど（笑）。まだまだ黒川さんがお伝えしてくれようと思っていることが……。

黒川　だいたい答えが出ちゃった（笑）。

質疑応答

参加者　トッチさんは、わかっている真理をみんなにお伝えしようとされているのだと思いますが、次元という言葉があって、フラワーオブライフだと、それぞれ自分のわかる範囲しかわからないかなと思っているんです。そこはわかるんだけど、そこから上のほうはわからないとか、自分が認識できないというのはどうして起こるのですか。

トッチ　教育でしょうね。

参加者　もともといっぱい入っちゃって、頭がかたまっているということですか。

トッチ　生まれた瞬間から、世界は平面次元、両親も平面次元に生きている。教わることは平面次元。だから、最初からかたよるようになっています。

参加者　そこをもとに考えているから、なかなかとらえられない。

トッチ　昭和の初期に始まったスポーツは、勝ち負けにこだわるようになっているでしょう。二元性からなかなか抜けられない仕組みをインストールされている。

参加者　みんな善悪を自分の中に持っている。

私は、それぞれの人が生まれたときにそれぞれの世界観ができていて、その中で重ねて自分なりの世界をつくっていると思っているんですけど、もし空間という意識を持てると、そこであらわれていることがいろいろわかってくるかなと思う。

トッチさんは、ここ（立体・神聖幾何学）からとらえると、この世界は広がるとか、全部わかっている。

トッチさんの中では宇宙の全ての真理がここに入っていると思うんですけど、私はまだ全部完璧にわかっていないところがある。それはまだまだ自分の中とか肉体にとらわれているものがあるから、見えていない部分があるのでしょうか。

トッチ　もしかしたら、実際にこういう立体をつくってみるといいのかもしれないですね。知らない世界のことは、その人にとっては、ないことになっているんです。だから、知れません。

参加者　私なりに思うのは、その人が整っていると結構できるかなというのが一つあって、また逆に、トッチさんが今おっしゃるように、整ったものにふれると自分が整っていくかなと、そんな感じがしています。

トッチ　こういう立体は、金属とか磁石で売られているものもありますが、磁石のものは、磁力によって勝手に形になってくるのです。僕があえて綿棒を使っているのは、これは人がつくるので、必ずかたよりを持ったりゆがんだりします。そのゆがみの中で真理に気づける。自分の目はこんなにゆがんでいたんだと、そこに気づきがある。

参加者　トッチさんの綿棒のワークに参加したときに、確かにいろいろ考えながらつくるのが非常に難しかった。そこに気づかせるのが綿棒でフラワーオブライフをつくるという意味でしょうね。

トッチ　自分はきれいで真っすぐだと思い込んでいるものが、こっちから見たら全然真っすぐじゃなかったことを知る。人から「君の考え方はゆがんでいるよ」と言われたらしゃくにさわるけれども、自分がつくったものだったら納得するしかないじゃないですか。

そうやって奥の世界にどんどん進んでいくと、いろんな誤解が解けるというか、人に対する思いとか、自分のことしか考えないままでは幸せは存在しないということに気づいちゃうわけです。全体がある中の自分だから。

参加者　私は、私自身が宇宙そのものと思っていて、ただ、そこでもまだ何かひっかかっているところがあって、全部は見えていない。でも、それをやっていくと、重力はこれであらわれているとか、時間は本当はないことに気づいていけるということでしょうか。

トッチ　そうですね。究極の変態プレイに（笑）。それ以外ないと思うんです。

参加者　ありがとうございました。

――本日はここまでにしたいと思います。今日一日参加してくださいまして、本

当にありがとうございます。明日も続きますので、みなさんお気をつけてお帰りください。(拍手)

【第2部】

平面から立体へ――宇宙の法則を説き、人々の意識を起こす「日月神示」からのメッセージ！

日月神示・複々立体の謎と神聖幾何学（2）

2023年11月4日（土）
於・ヒカルランド・イッテル本屋

富士講とミロクの世!? 日月神示「春の巻」第三十八帖の謎の解明からスタートです！

——本日は、「日月神示」からの質問でスタートさせていただきます。

●の次に✺があり、その次に✳があり、＋あると申してあろう。立体から複立体、複々立体、立立体と申してあろうが。×と÷と和せば※となるぞ。複立体であるぞ。✺が複々立体、●が立立体ぞ。⊙がその元であるぞ。わかりたか。⊙となれば超自由、超自在、超無限ぞ。それだけにまた超完成であるぞ。超未完成でもあるぞ。神は全智全能から超全智全能に弥栄しているぞ。難しいようなれど、このことよくわかりて下されよ。新しき段階に入る門ぞ。

第二十七巻「春の巻」第三十八帖

――この文章について、まずは黒川さんから、その次にトッチさんに見解をいただければありがたいと思います。

黒川　しょっぱなから、「受け取れ」みたいな、すごい変化球が飛んできました(笑)。結論から言うと、読めない記号、●の次に棒がいっぱい✺(16光芒《こうぼう》)の記号があって、そのあとに✳(8)から＋(4)になる。見ると✺(16)✳(8)＋(4)倍数が逆転しています。

実はこれの出典自体はあります。富士講の系統の丸山教の教祖が残したサトシの中に、◯を描いて縦横の線を入れていき、最後、線で真っ黒になるまで描かれた図形があり、中心に余白の残る●を「一厘《いちりん》の光明」と呼び、御神前に掛けた。

富士講とは富士山を信仰する江戸庶民が結成した組織。江戸では地域ごとに富士山をお参りする講を募って、お互いにお金を積立て、富士が山開きになったら、代表のグループが毎年順々に、白装束をまとい富士山へ登山して帰ってくる。また、江戸御府内の神社に富士塚をつくって富士登山の代参にする。そういう民間信仰がすごく盛んでした。戦後は都心から住民が減っていき、東京の富士講の活動は、現在はあまり盛んではないです。

富士講の原型に、日本では弥勒《みろく》信仰があり、56億7000万年後に弥勒菩薩が下生《げしょう》する、「弥勒の世」が来るとする仏教の弥勒信仰がありますが、民間の富士講では、来るべきユートピアとして「身禄《みろく》の世」が来ると主張したのが江戸時代の食行身禄《じきぎょうみろく》行者です。「日月神示」には「五六七《ミロク》の世」と出てきますが、それは富士講に起因しています。岡本天明さんが留守居神主で奉仕した東京・千駄ヶ谷の鳩森八幡神社に富士講の富士塚があり、6月10日にはじめて天明さんにご神示が降りた、その1週間前の6月3日が、実は鳩森八幡の富士講の祭り日なのです。

今回、トッチさんといろいろ話をしていると、起承転結とは逆の流れを感じる。例えば、天明さんに6月10日ご神示が降りて、それから十数年間ご神示が降りたのですが、実は逆転する流れがあり、1週間前に天明さんは鳩森八幡の富士塚の祭りをしていた。昔から、21日間祈願すれば大願成就するとされる。3×7＝21、77の祈願があります。例えば6月10日を基準にすると、21日後の7月1日は富士山の山開きの日です。6月10日から777で7月1日の富士山の山開きを予祝する側面もある。逆転して7日前は6月3日で、富士塚の祭りの過去への流れがある。

✺の記号も、出所は富士講なのです。富士講の分派に丸山教の教祖、伊藤六郎兵衛が、遠くの信者に自分の教えを手紙に書いて送った。それが残って経典となっていて、その中に、この記号が出てきます。

正直、変性意識で書かれた文章は、意味が取りづらいです。神の働きというか、言葉にあらわせない世界を記号であらわしていた。

✺は、16の光芒を示し、一つには日の丸とか、お日さまと意味があります。「竹内《たけうち》文書《もんじょ》」など、まさに太陽の光輝の16方位を天皇家の「菊花紋」の由来とします。お日さまの力御稜威《みいづ》が放射され、人々に行き渡る形をあらわす。実際、富士山9合目に日御子《ひのみこ》という白い大きな磐座《いわくら》があり、富士講の信仰対象でした。そのあとに「立体」と書いているように、この神示の文章は、神のいろいろな働き（経綸《けいりん》）を、平面ではなくて、立体としてとらえていると思います。

——では、トッチさんからの見解もお願いします。

トッチ　黒川さんと同じような感じだけど、エレメントの違いじゃないかな。

立体が発展していく中で、同じ形のまま大きくなるのではなくて、変化しながら大きくなって、もとの形の大きいのがあらわれる過程を示しているような気はします。

しかし、いかんせん僕が書いたわけではないので、そのシーンをはっきり述べてしまうことが、逆に天明さんに失礼になる気もするし、このぼかしぐあいでいいと思う。

要は、単語がないんですよね。何かを本当に表現しようとしたとき、今の僕たちの言葉は完全体じゃないような気がしています。

今でもある言葉というのは、目で見たもの、五感を通じての言葉であって、例えば第六感、第七感という、もうちょっと周波数が高くなったような次元のものは、文字とかに表現できないので、こういう書き方になっちゃうんじゃないかなと、今日、ローソンの店員さんが言っていました（笑）。

そうだと思うしかないというのかな。限定的にしてしまうよりは、そこでぼかすことによって真意を酌《く》み取ってもらいたいというところなのではないかと思います。●の次にある✺は、黒川さんがおっしゃった太陽みたいな表現だとすると、●は核たる部分と言ったらいいかな。

それから、放射する軸の数でエネルギーは変わるので、そういうところではないかなと思います。

「×と÷と和せば✺」、ここではじめて「×」と「÷」が重なった記号が書いてあるのですが、これは今の社会だと、1＋1＝2と定義されてしまいます。でも、立体の世界に入ると、2は答えだと思っているものの一つであり、限定的なものではない。

だから、立体から複立体、複々立体になってくると、片方では掛けられたものがあらわれてくるし、その反対では、割られたものがあらわれてくる。それを同時に表現しているものではないかなと思う今日このごろ、この瞬間です。

――もう1カ所だけトッチさんに聞きたいのですが、今の文章の最後に「新しき段階に入る門ぞ」とあります。「新しき段階」というのは？　ぼかしてあるのでしょうから、具体的には難しいと思うのですが。

トッチ　「新しき段階」という言葉は、岩戸開きと言われているものと同じで、たぶん意図的です。

実はこの世界は立体の世界しか存在していない。それがゆえに、どれほど前か知らないけど、人間のエゴによって破壊をもたらした時代があったのではないかと読み解くと、これまでは意図的に人の意識を落とさなければいけなかった時代だったのではないか。それは、もしかしたら、それこそ火山の噴火だとかでうまく伝えられなかった時代があって、いつの間にか次元が下がるといった感じで、みんな平面的なもの以上を考えなくなってしまったのではないか。

例えば、ビルを建てるということ。立体を知っていると、図面が描けるようになります。でも、立体を知らない人は図面も描けない。

本来、図面的なものは立体を知っている人たちが描いていた。図面に起こせば、移動ができます。ノートに図面を描けば、その立体の価値観というものを持ち運ぶことができます。

だけど、いつの日かそういった価値観が失われていった。

「新しき段階に入る門ぞ」というのは、いま一度そういう平面的な意識レベルの価値観から、一つ段を上げたところに向かう入り口だということを教えてくれているのではないかと、セブン－イレブンのおばちゃんは言っていました（笑）。

――トッチさんからの案ではなく、セブン－イレブンのおばちゃんの案ですね（笑）。

「立体のそなた」「神に抱かれたそなた」とは⁉

――もうちょっと聞いてもいいでしょうか。黒川さんに、「日月神示」の立体に関するところをお聞きしたいのですけれども。

そなたが神つかめば、神はそなたを抱くぞ。神に抱かれたそなたは、平面か

ら立体のそなたになるぞ。そなたが有限から無限になるぞ。神人《かみひと》となるのぢゃ。永遠の自分になるのであるぞ。他のために行ぜよ。神は無理申さん。始めは子の為でもよい。親の為でもよい。自分以外の者の為に、まず行ぜよ。奉仕せよ。嬉し嬉しの光さし初《そ》めるぞ。始めの世界ひらけるぞ。一本足では立てん。二本足がよいぞ。やがては明くる二三《フミ》の朝、二二《フジ》は晴れたり、日本晴れ。

第二十四巻「黄金の巻」第九十三帖

「平面から立体のそなたになるぞ」、これはそのままだと思うのですけれども、黒川さんはこの九十三帖をどのように解読されますか。

黒川　この帖は、一人という実体のある世界ではなくて、神に抱かれて、神、人、2人なのです。2人が抱き合ったモーションが立体。男女2人が合体していると立体に見えますよね。そう普通っぽく解釈しています。

あと、「嬉し嬉しの光さし初めるぞ」は朝日の射し込むグラデーションの風景です。神示に多用される一二三を解いて、はじめ（一）、二本《にほん》足は日本《にほん》に掛け、二三

の朝は、二三は扶桑《ふそう》とも読み、扶桑は日本の別名で、中国では東を意味する言葉です。*注9

――すごく難しいところだと思いますが、トッチさんにも、今のところをお聞きしたいと思います。「平面から立体のそなた」というのは、我々は平面だというところですが、「神人になるのじゃ」というのは?

トッチ　神人ね。そんな人を聞いたことがある。なんだろうね。「神に抱かれたそなたは」というところが、自分の意思を超えた何かとの融合的なものを感じます。僕自身が、法則をこういった立体にあらわしてからつながってきたことのほうがはるかに多い。

天明さんは自動書記という形の「神憑り」でしたが、僕は違いました。当時の僕を知っている人、地元の仲間は僕がそういう状態になっているところを見ているのですが、みんな「人ではない」と言って逃げていくような状態だったのです。

そういう状態になって以来、見える世界、感じる世界、全てが書き換わっていってしまったといいますか。

これも言葉に表現できないから、言葉にするとしたら「さっきの日月神示のように真っ黒い物体をビヨンとやる✺」しかないのかもしれないんだけど、そういう状態なのかもしれない。

自分の個としての意識レベルを超えた状態。もしかしたら宇宙的なエネルギーとの融合が「神に抱かれたそなた」なのかなと、うちの犬は言っていました。

ただ、定かではない。確証をもっては言えないね。黒川さんがおっしゃるとおり、まぐわいの世界かもしれないし、まぐわう相手を神としてこちらが認識すれば、そういうことになるのかもしれない。

そこはなんとも難しいところではあるのではないかなと思います。

でも、いろいろなところに「平面から立体」という文章が出てくるので、重要なキーポイントではないかな。

――今までの「日月神示」解釈では、立体というところは解けないということになっていたのですが、それを解いているのがトッチさんだということで黒川さんが注目してくださって、今日の会になっているので、立体について少し分け入らせていただきました。お2人とも、ありがとうございました。
では、本日もスタートは黒川さんからお願いします。

＊注9　この第九十三帖は、「天つ巻」第七帖の「本歌取り」でもある。

富士は晴れたり日本晴れ、二本のお足であんよせよ、二本のお手々で働けよ、日本の神の御《おん》仕組、いつも二本となりてるぞ、一本足の案山子《かかし》さん、今更《いまさら》どうにもなるまいが、一本の手の臣民よ、それでは生きては行けまいが、一本足では立てないと、いうこと最早《もはや》わかったら、⦿が与えた二本足、日本のお土に立ちて見よ、二本のお手々打ち打ちて、⦿拝《おろが》めよ天地《あめつち》に、響くまことの拍手《かしわで》に、日本の国は晴れるぞよ、富士は晴れたり日本晴れ、富士は晴れたり、岩戸開けたり。

第四巻「天つ巻」第七帖

「二本のお足であんよせよ」には実はモデルがいて、戦前、上野公園や万世橋駅（廃止駅）の前で「国の子桃太郎」の幟《のぼり》を立て、毎日街頭宣伝した国士の渥美勝《あつみまさる》です。今は知られていませんが戦前は有名人だから、文章を読めば渥美勝だと戦前の人にはわかった。文字には書いていませんが桃太郎のことを指している。

二拍手は平面の働き⁉ 江戸時代までの諸家神道は立体の形に拍手を打っていた⁉

黒川　今日は「日月神示」の原寸大の原文コピーをお持ちしました。この大きさで天明さんは書いていたのです（170ページ）。

私が「日月神示」の存在を知ってから、30年近くたって、やっと原寸サイズの神示コピーを見られました。原文原本は見たことがありません。コピーは至恩郷で何枚かいただいたものです。

これは第六巻「日月の巻」の第三十三帖です。筆跡とか大きさとかがわかると思います。すごくやわらかい筆法で書かれています。筆のリズムがずっと同じ調子で、流れるような楷書の形で書かれています（戦後の神示は草書に近い）。

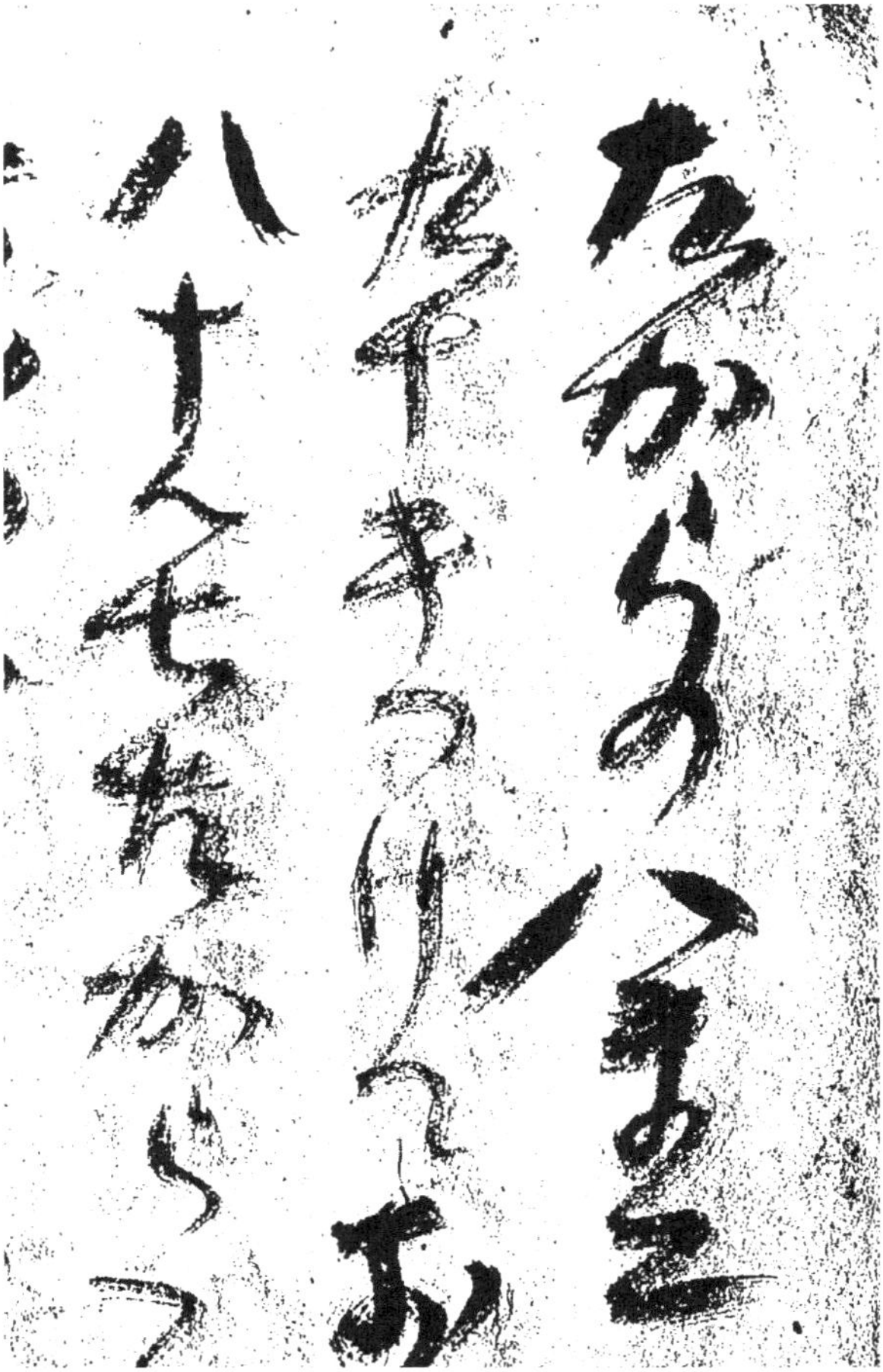

原寸大の「日月神示」原本コピー

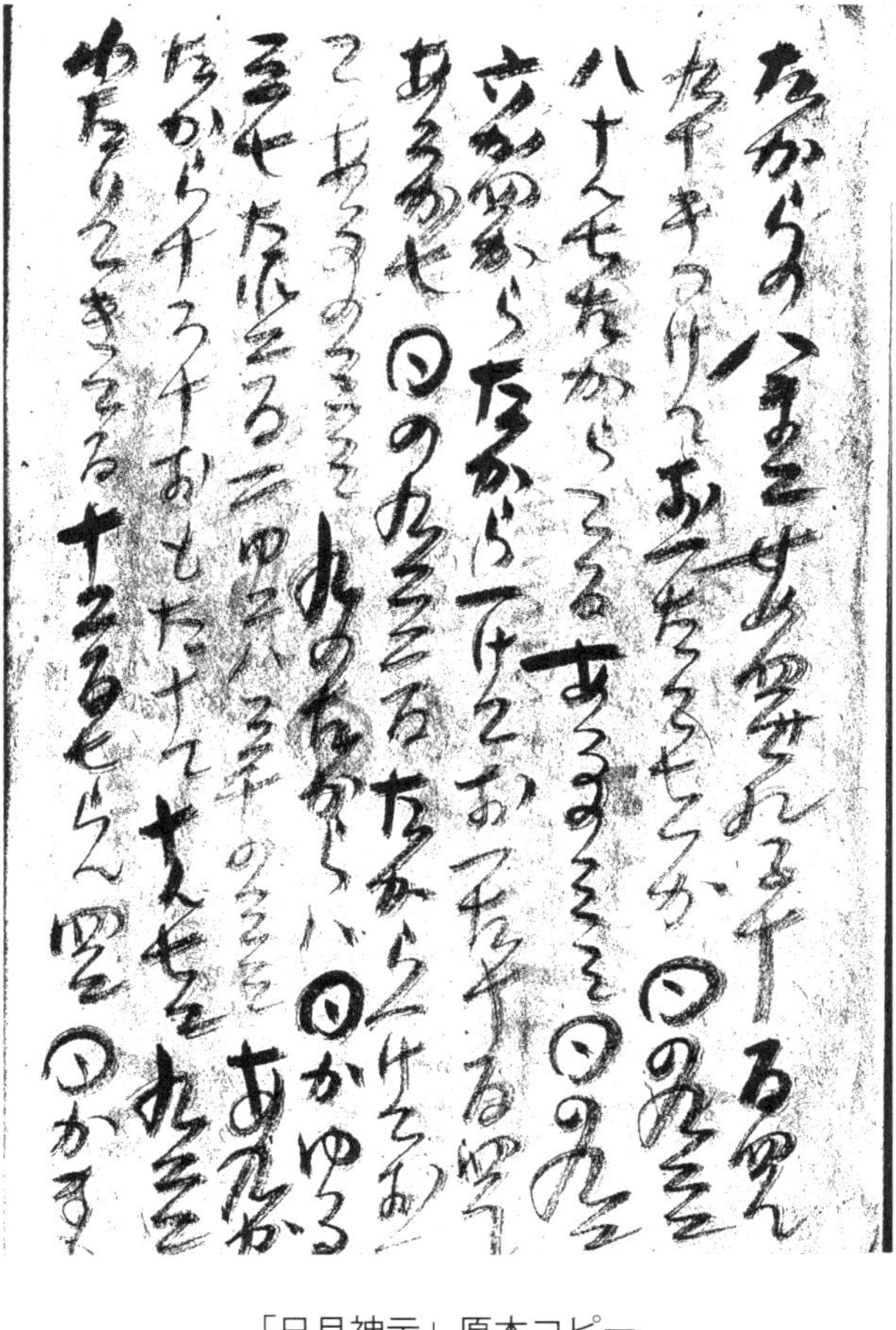

「日月神示」原本コピー
（１枚の右側）

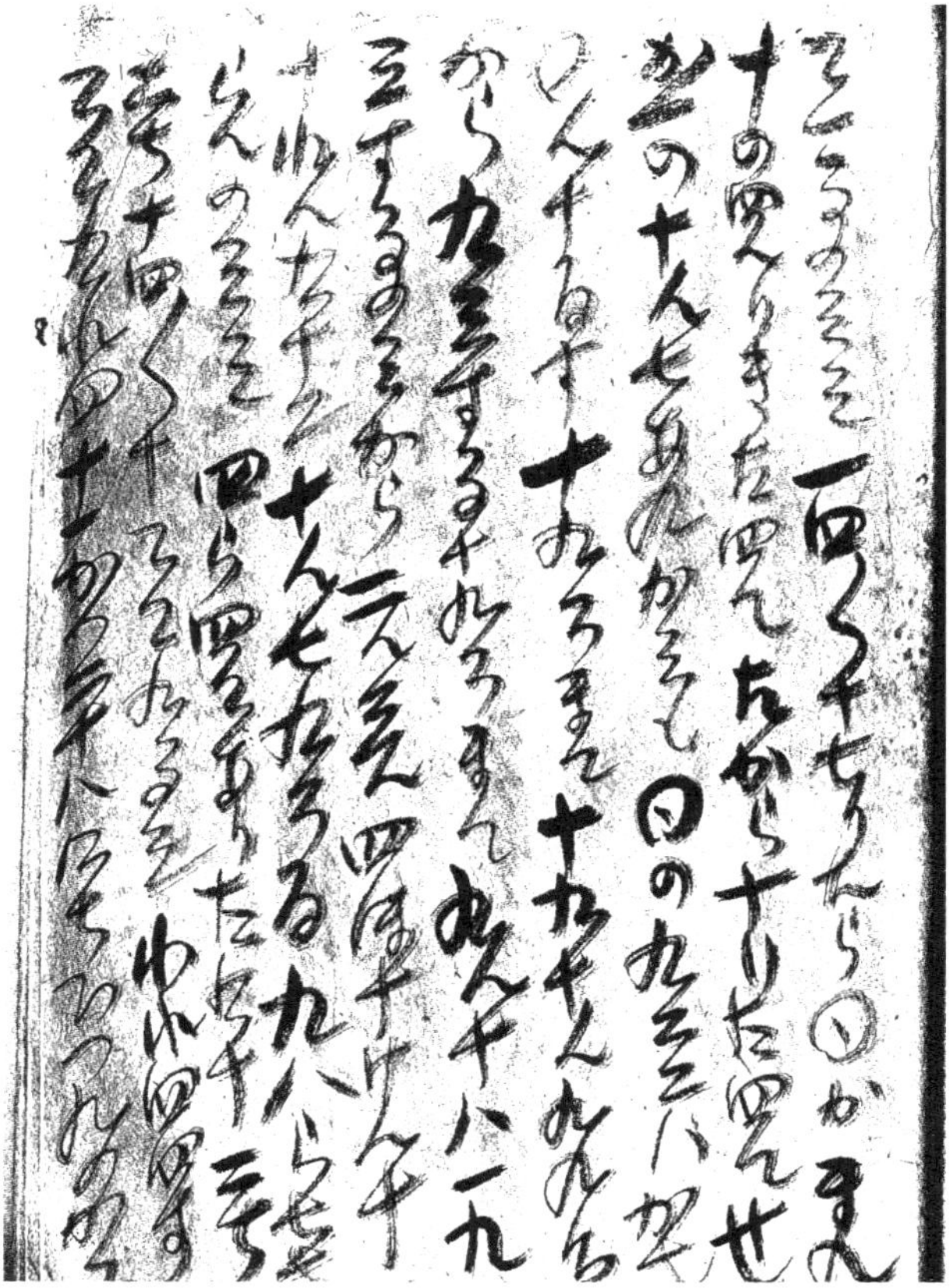

「日月神示」原本コピー
（１枚の左側）

天明さん以外にも、自動書記で書かれる方がいて、その瞬間も見たことがありますが、たいがいはすごく速い。筆記も草書体みたいな、ものすごい勢いで速く書くことが多いが、この筆記はそんなに速いものではなくて、かなり落ちついた雰囲気で書かれているのではないかと思います。こういうのも文字を見てもらうと、天明さんの筆（二て）の雰囲気が伝わってくるのではないかな。

私はトッチさんとの邂逅《かいこう》から意識がかなり変わった。それまではノイズだと思って全て捨てていた情報が、これも立体だと気づき付箋《ふせん》をつけて、今、検証しています。そこに至るまでの流れというか、私なりに理解した意識の一端をご説明できたらうれしく思い、今日もお話しさせていただきます。

私は古神道の所作を学びました。現行の神社で打つ二拍手は、ただパン、パンと打つ。まさに平面の働きですが、朝廷祭祀の神祇を司った吉田・白川家に、陰陽道の土御門家、江戸時代まであった諸家神道の拍手は、立体に拍手を打ったのです。例えば吉田家なら二拍手を小大と音で打ち分けました。白川家は二拍手を天地と上下に打った。戦前の友清歓清《ともきよよしさね》は「動昇降」と書いていますが、立体の形に拍手を打

*注10

っていた。神拝作法も各家の家伝で、簡単にも教えてはくれません。

昨日は、伯家神道の所作である四方天地体の四拍手の説明をしました。平面の意識では四角形ですが、立体の意識では立方体になります。

＊注10　吉田神道、白川神道

朝廷の神祇を司る家系が、代々神祇伯《じんぎはく》を世襲する花山《かざん》源氏の白川家と、神祇大副《じんぎのおおきすけ》を世襲し、亀卜を司る卜部《うらべ》から学問の家として興隆し、吉田神社の神官として室町幕府や時の権力者にうまく取り入り、自家の勢力を伸ばしてきたのが吉田家だった。江戸時代、幕府の命《めい》で全国神社の神主は吉田家から免状を得ないと神職になれなかった。立場が逆転した神祇伯白川家は、江戸後期から全国の神社の社家を入門させて勢力挽回に勤めた。明治維新の方針から世襲神主罷免と、役人が神主に任命されることとなり、吉田家白川家は朝廷祭祀から離れることとなった。幕末の白川家に入門して学師となった高濱清七郎の流れが民間に漏れ、白川家の審神《さにわ》行事を後世に残した。

立方体の中に人がいて(密教の護身法)四拍子を打つことで結界をつくるのが本来の神頂き⁉

黒川　拍手を打つこと自体が結界なので、立方体の中に人がいる形です(176ページ)。

自分の周りが立方体になっている。立方体は、密教で言う護身法で結界です。要は、四拍手を打つことで、立方体の結界をつくっています。拍手するのは、神様に神招き、神を呼んで、神を戴《いただ》いているのです。「戴く」と言いますが、まさに「頂き」で、頭頂に神を乗せるのです。沖縄では、ユタとか神人(かみんちゅ)の人たちは、「神懸り」の表現を「神が乗る」と言い方をする。神を頭に乗せる。

頭のてっぺんは、ヨガではサハスララ・チャクラがあり、東洋思想では泥宮《でいきゅう》のツボがあります、伯家神道は五魂説で、荒魂《あらみたま》、和魂《にぎみたま》、奇魂《くしみたま》、幸魂《さちみたま》、泥魂《ぬるみたま》とあり、

５番目の泥魂が頭のてっぺんに宿る。頭の天辺は点ですが、立体では体の軸として作用します。昨日トッチさんがお話しされたとおり、４つの力、４つの方向、十字は４ですが、４つを束ねるものは、５番目の働きである軸です。

四方天地体の語源は、中国の古典『淮南子』の「往古來今謂之宙、四方上下謂之宇」にあり、往古来今を宙（時のこと）という。四方上下を宇（空間）という。四方上下を六合《りくごう》で世界の意味がある。今上天皇が正月元旦にする四方拝は、六合を天皇自らがお祀りします。

四方天地の四方は東西南北、春夏秋冬、４つであらわされる円環する世界です。その４つの力を統《す》べるものが５です。中心かつ軸になっているのです。だから、四方と天地の体《たい》になる。真ん中に人が存在して、はじめて成立する境地なのです。立

立方体の中に人がいる状態

方体の四方と、上下の天地とする人体《じんたい》が存在する。人が水平に両手を広げる所作は、すでに四方天地体になっています。

泥魂は近世の伯家神道の資料から登場します。寝魂《ぬるたま》とは古典では夢の異称ですが、人体の経絡から取った単語で、泥宮の翻案です。中世末の吉田神道の内径図（人体の霊的な透視図）に泥宮が表記されます。

出口王仁三郎『霊界物語』の奥義編「天祥地瑞」を後述した「言霊台」とは何だったのか!?

黒川　話が前後しますが、私は言霊《ことだま》を学ばせてもらっています。「日月神示」も言霊のことがよく出てきます。大本教の出口王仁三郎が言霊のことを、よく言及します。言霊で宇宙が生まれたとか、『霊界物語』を自ら口述して残しているのです。

私も前から読んでいましたが、頭で拝読していたときは、これは〇〇思想に由来しているとか、他宗教と似ているなと、表面だけでなぞっていました。試行錯誤も、ある程度は深化するのですが、やっぱり頭の表層止まりで、結局、壁を感じました。そこで、本を読むだけの世界から、鎮魂法という神道の瞑想修行に入門しました。その先は、やはりトッチさんみたいに体得しないとわからない。

面白いのは、古神道というと、我が国へ仏教が伝来する以前の悠久な民族の信仰体系のように想像しますが、伯家神道の「四方天地体」の発想は、中国古典『淮南子』の世界観です。四方上下は宇宙として、「宇宙」とは「時空」のことですが、宇宙の真ん中に人がいて、所作をすることで、宇宙の中心から世界が鎮まる発想になっているのです。

出口王仁三郎が経典『霊界物語』を口述した。

布団を敷いて、寝ながら口述した経典です。寒い地方が舞台の口述では、夏でも王仁三郎が寒がって火鉢で体を温めたり、逆に暑い情景では、大変暑がるので団扇《うちわ》で扇いだり、寝ながら口述しているときに、イビキをかいていたという話がある。

イビキをかくのは深い睡眠状態で、普通の人は、理路整然とした内容のことを口述できません。一部のインドのヨガ行者などは、脳波をはかると、深い睡眠状態でも、ほかの人と問答ができる。王仁三郎もそれと同じことをした。

5年間で72巻の『霊界物語』を口述して、その後ちょっとインターバルが空き、昭和8年、9年の2年間に、満州事変のあとで、日中戦争が始まる15年戦争になるちょっと前、当時の日本は天候不順で東北は大凶作で、世界恐慌の余波が重なり、軍事クーデターが起こり始める、かなり大変だった時代に『霊界物語』の奥義編の『天祥地瑞《てんしょうちずい》』を口述しています。

『天祥地瑞』の口述には、はじめ寝転がって準備しても言葉が出てこず、そこで台をつくった。それを言霊台《げんれいだい》といいます。言霊台をつくり、王仁三郎は台の上に座って口述した(179ページ)。

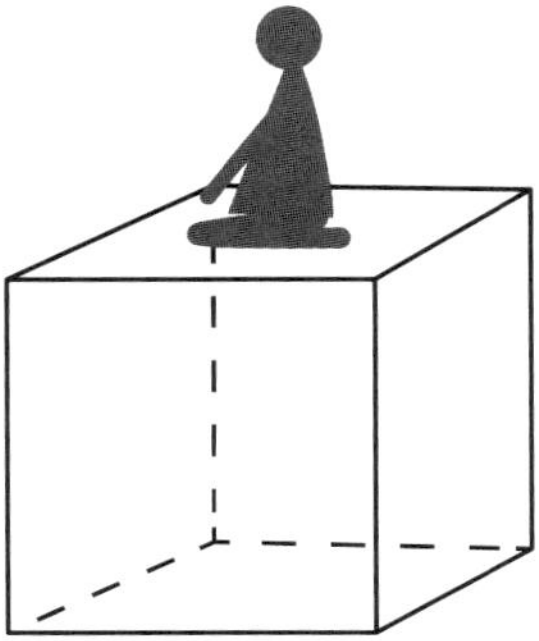

立方体の上に座る

こういう逸話も今までは別世界だと思っていたのですが、よく見ると、台の上に立つ形と、立方体の中にいる姿は表裏一体で、本当は同じことをしていた。内側と外側。今まで私は現象面だけで見ていたのですが、実はこれは一緒のことではないか。

寝転がって口述したときは水の働きです。座って口述したときは縦の火の働きです。横は「水」で「縦」は火です。水と火で十字とは、昨日も説明しましたが、水火の十字で完成させていた。

立方体としてとらえると、九星魔方陣の真ん中が5になります。我々は平面でしかとらえていない。本当は立体のルービックキューブみたいで（11ページ）、周辺部はルービックキューブのようにガチャガチャ移動して変わりゆく。数字も運用も変わるのです。縦・横・斜めは15になるのですが、いくら展開しても、真ん中の5は変わらない。常に変わらない中心と、展開する周辺の数字、形がありながら、我々は外からの視野しかなかったので、トッチさんの本を見たら、外からではなくて内側から見るその意識が描かれている。「この人はなんで知っているのか」と思いました。私が何十年もかかり、もしかして内側もあるのかなと思ったことを、さらっと書いています。宇宙の悟りもさらっと書いています。『日月神示、マカバ、フラワーオブライフ　宇宙の最終形態「神聖幾何学」のすべて』12冊シリーズには驚くばかりです。

実際本人に会ったら、「この人は何者なんだろう」と思った。ギャグばかり飛ばしているし（笑）、本の活字は大きい。いっぱい本を読む身からしたら、「活字デカいな」でひっかかっちゃう。概略図は編集さんがつくったのかな、大変そうだと思った。

トッチ　大変だったみたいだね。

黒川　御本のどこに本質があるか。ひっかけの多いシリーズに、ひっかからないぞ、と思いつつ、今日は懸命にしゃべります。

ちょうど同時期に作業した天明さんが残したガリ版の解読は、字は小さくて、ルーペで見ないとわからない字がある。対照的でした。

戦中戦後は物資不足で紙がないから、みな小さい字で書いてあり、戦前の漢字は旧漢字と略字体に異体字が混じっています。昔は漢和辞書で調べ、今はネットで指で形をなぞり直接入力すると、漢字が判明する。大変より全く違うスタンスが同時発生する環境に勉強させてもらっています。

意識を鎮めたときに体感する火と水の十字軸を岡本天明は「アナナイ（麻柱）」と言っていた!!

黒川　話を戻すと、戦後、天明さんの書いた鎮魂帰神の指南を読むと、鎮魂法は正座して実習するのですが、人体が正座で座ったときの、背骨と意識の中心軸（泥魂の軸）は、縦の働き（火の働き）である。そのとき、意識を鎮めながら鎮魂する。物理的には床ですが、実際は両手を広げると、腕のところに水平軸ができます。座ると手に鎮魂印を組むから、座った床が水平軸になる。本来は背骨の縦と両腕の横で、火と水です。新興宗教でも十字で火と水と言うし、阿祖山《あそやま》太神宮も言っていると思います。教団は形だけで言っているから、「あっ、わかった」になるのですが、本当は人が座って、意識を鎮めたときに体感する感覚が、本当の火と水の十字の軸なのです。この状態を天明さんは「アナナイ（麻柱）」と呼んでいます。天明さんが大本教で鎮魂を習ったときに聞いた言葉と思いますが、肝心の大本教では鎮魂行でアナナイの用例が残っていない。

「アナナイ」は古語では足場という意味で、足場の意味から転じて、人助けするとか、人の世話をする意味になっている言葉です。「アナナイ」という言葉に、古典にはない「麻柱」と漢字を当てたのは大石凝真素美です。

昨日も麻の話をしましたが、麻で作られるのが麻苧《あさお》で、神社にお参りしたときにジャラジャラ鳴らす鈴緒《すずお》の素材です。鈴の音で神様を呼んでいる。この麻苧は、九星魔方陣でいうと真ん中の5の働きです。天と地をつなぐのが麻苧です。

神社に参拝して麻苧を持ったときに、意識は中心に接触している。コンタクトしている。ジャランジャラン、パンパンもいいのですが、日本人がなにげなくやる仕草とか風習には、実はすごく意味があるのです。それは内側から見ると同じようなもので、なにげなくやっているとわからない。それでもいいのですが、それが認識できたら、尚《なお》よい。

日常の仕草・所作は、日本人の生活をしていれば、本当はわかるようになっていたのです。昔は畳みのへりを踏んではいけないとか、ふすまの敷居を踏んではいけないと言われ、なんで？　と思った。境目は境界線です。境界線に不用意に足を踏み入れると、異界の領域に意識が飛ばされる。下手すれば死んでしまうと古代人は畏《おそ》れた。

部屋の敷居の上を鴨居《かもい》と言います。なんで鴨居と言うかは、誰もわからないのです。鳥のカモかもしれない。でも、カモは水鳥だから、木には止まらない。だけど、神話的なイメージでいうと、天上は大きい海と表現する神話体系があるから、天上にカモのような水鳥がいるのは、神話的思考ではあり得なくはない。カモ（kamo）は神（kami）です。

狂言では、神憑りした女性は片手に笹を持っている設定です。狂った女性のイメージで、「物狂い」という古い言葉があります。本来はシャーマニックな意識状態ですが、巫女《みこ》の持つ鈴が元は笹なのです。笹が風に揺れるササササッと細かい音がする。この音域が岩笛《いわぶえ》のもとで神憑りの象徴になります。

鎌倉期の『春日権現記絵《かすがごんげんきえ》』の絵巻物を見ると、女性が神憑り、鴨居の上によじ登って神託を降ろすシーンがあります。今でも木の上とか、高いところに登るのが好きな人がいますね。神憑りして、榛名《はるな》神社内陣が納まる、御姿石《みすがたいわ》（186ページ）に登った人がいます。

トッチ　ええーっ！

黒川　さきの「なんですか、これは」と質問があった、●の記号を書いた丸山教の教祖、伊藤六郎兵衛です。富士講で榛名山に参拝した折に、意識が変容して神憑りになり、あの大岩によじ登っていったそうです。どうやってあそこに登ったのか（笑）。

でも、私も妙義神社で、ちょっと近い気持ちになりました。中之嶽《なかのたけ》神社の裏から登る道があったから、ひたすら磐座を登ったのです。どんどん登ってみたら、断崖絶壁で細い所を伝って歩いたけど、これ以上はもう無理で、人は上がらないだろうと思って、ふと見たら、まだ鉄梯子《てつばしご》が掛かっていましたから、やっぱり誰か上がるんだ（笑）。そこは金井南龍《なんりゅう》も来た霊場です。そういう意識は、一番上に登っていくときもあるし、逆に奥へどんどん沈んでいくこともある、上も中も両方です。『エメラルドタブレット』の「上にある如く下にもある」の如くです。

榛名神社　御姿石

天明さんだけでなくフリーメイソンも使っている!? 最も強力な魔方陣からわかる「コマのように回る原理」とは!?

トッチ　黒川さんが用意してくれた九星魔方陣の図があります（43ページ）。

この数字のとらえ方みたいなものも、立体を通じて、重さなのか、高さなのか、グラムとかで考えてみる。これはバランスがとれた状態です。この状態だけでは働かない。言っている意味、わかるかな。

もし1個は1グラムとか、2だったら2グラムとか、重さの状態で考えてもらうと、均衡は完全にとれているけれども、動きはない状態。要は、基準となるバランスであり、ここに働きを持たせるには、これをまた立体にしてあげる。黒川さんがお話しされたルービックキューブのような状態です（11、188ページ）。

9面なので、「5」が真ん中に9個、側面に2個の計11個あって、コマのような状態です。コマの軸があって、面の部分があって、立ててあげると、コマの形になる。

例えばここに6、5、4という数字があります。反対側はひねってある。これがそのまま向こうに行っているのではない。

ここは全部相殺される。反対側もね。ひねってあることで、数字が合わなくなるのです。

それを全部足すと、プラスになったりマイナスになったり、波ができるので、回したときに、バランスがとれている部分とバランスがとれない部分が

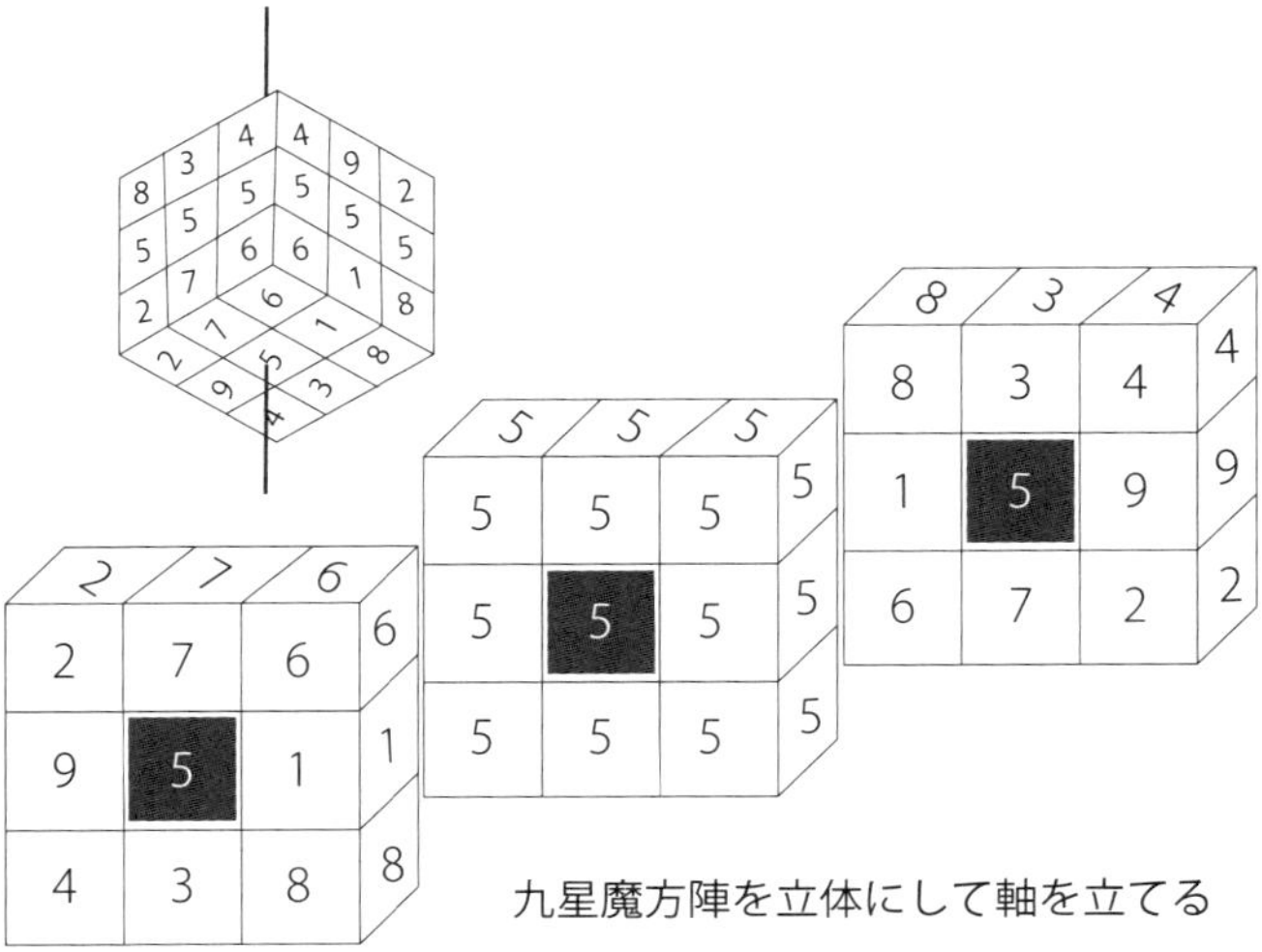

九星魔方陣を立体にして軸を立てる

クロスでたすき掛けみたいにかかって、一度回してあげると、ずっとコマが回る原理をつくり出すのです。

これは天明さんだけではなくて、世界中のフリーメイソンは使っています。最も小さい、最も強力な魔方陣、3方陣と言われています。

言葉として表現するのはなかなか難しいので、実際に重さで分散しながらそういうのを明かしていけば、かなりわかってくるようになるのではないかなと思っています。

エネルギーを生む作業そのものがまぐわい!?
だからこれからはちょっとエッチな気持ち(!?)で、
未完のもの同士を融合していくこと

トッチ　魔方陣の世界もまだまだいろいろある。全部立体です。

今、表《おもて》で魔方陣として知られているのは、マルを描いてその中に五芒星があるものとかがありますが、六芒星も、そもそも立体を知っている人が展開しているでしょうね。

そうなってくると、平面のものを受け取っていたら、それは永久に魔方陣としては発動しません。共鳴できる領域が違う。こういったことも、これから僕たちは知っていかなきゃいけないお話ではないかなと思います。

先人の、天明さんしかり、いろんな方たちが残してくれたものをつなぎ合わせて形にしていく時代がやっと始まったのではないかなと、うちの弟子のてっちゃんが言っていたので、少しずつ進めていきたいと思うのですが、いかんせんてっちゃんが言っていることだから、あやしくてしようがないのです（笑）。

今の社会で見せられている数字だけで考えていると、たぶん見えないようになっているのです。なぜなら、見せないようにしているその人たちもたどり着いていないから。本当にたどり着いていたとしたら、逆にこういう立体にして表現できない。そういう意味では、未完なものだから、みんなで力を合わせている。

黒川さんが、僕のやっていることに着目してくださった。逆に、僕は黒川さんがいらっしゃらなかったら、今日みんなの前で話をしていない。

それぞれの持っているものを融合していくことを始めていかないと、個人の研究だけでは、これからの時代の変化に追っつかない。

そういう意味では、すごくいい機会を与えてもらえたなと思って、僕はうれしい限りなのです。むしろこれから知らなきゃいけないことを、より探究心を持って、ちょっとエッチな気持ちで進んでいきたい。

エッチが重要になるのは、エネルギーを生む作業そのものがまぐわいでもあるからです。

性に関する封印みたいなものこそ取っ払わないと、夜明けは来ない。まるで違うわけです。

今の社会で、僕が知り得ていることを伝えると、社会では誤解を生むでしょう。だから、本当のことを伝えられなくなってしまう。

麻にしても、いろんな制限がかかっている。それは社会システムというものの中にみんなが生きているからであり、逆に社会システムというものをどけてあげて、法則を理解するという価値観になったときじゃないと、僕はみなさんに知り得ることの全てを渡すことができない。

でも、それには今の社会の価値観、考え方、生き方では到底理解もできないだろうし、受け取れないということを、まずは理解する。

今の自分たちの価値観では、受け取れない領域が存在しているということを、ちょっとだけでも頭の片隅に置いておくと、これからの時代の変化の先で、今日のこの日がつながることがあるんじゃないかなと思います。

三角がつくる黄金比と四角がつくる黄金比の差「15の秘密」こそが神社仏閣に人が集まる理由!!

黒川　ルービックキューブの説明をしていただきましたが、この間のイベントで、

「『日月神示』の中に『九十が大切』とある記述は何の意味ですか」と聞かれた。

「日月神示」には神と人の関係を、8と出たら2で受けよとか、4と来たら6で返せというのが何カ所かあるのです。

知識的な話でいえば、それは兵法です。牛若丸が少年時代に京都の鞍馬山で修行します。鬼一法眼《きいちほうげん》という天狗のようなおじいさんから兵法を授かるのですが、そのときに出されたのが「虎の巻」といわれるものだった。昔はなんでも秘伝は虎の巻に書いてあり、それを読めば全部わかる。虎の巻だけ盗み出せばわかるという物語が多かったのですが、その内容が十進法で、2と来たときは8とか、6と4とか、必ず10で返せと『六韜《りくとう》』『三略《さんりゃく》』という兵法本に書いてあるのです。

これは平面ですが、さっき言った九星魔方陣で見ると、2と来て8で返せというのは、平面だけ見ると、袈裟がけの捌《さば》きです。1と9だったら、下から上に斬り上げる働き（１９４ページ）。５・５もあります。「日月神示」も五五と出てきます。出口王仁三郎は、神人一体の境地を、神の力五、人間の力五で引き合うから五五と書いています。九星では5が中心なので、剣法だと真っすぐ刺す捌きをあらわす。

でも、その私の理解は平面的で、先ほどのトッチさんのルービックキューブも、実際は平面の奥の、反対の数字のほうに行く力だから、3次元なのです。

3次元に展開していくから、私は平面の図形でしか、まだ理解できていなかったけど、実際は奥行きに対しての動きがあれば、より3次元になります、こういう形が形成されていくのではないか。それが最近わかってきたところです。

トッチ　これから天明さんやいろんな人たちが残してくれていたものが起き上がってくる時代ですね。

黒川　そうですね。

トッチ　時代から端っこに寄せられていたものがどんどん集約されて、謎を解いて

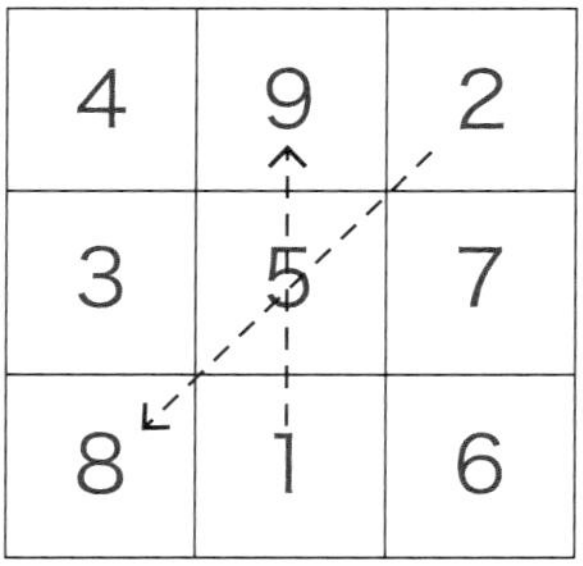

2→8 袈裟懸けの捌き
1→9 下から上に斬り上げる働き

いく。それをコンピューターを使って解いていくのではなくて、アナログの、自分たちの中のコンピューターを使って解いていく。

これからデジタルというか、仮想現実の世界も、社会ではどんどん展開されてくるのですが、そういう時代だからこそ、アナログ的な動きを持って時代を迎え入れていくことが、すごく重要な意味を持つのではないかなと思うんです。

今日は「日月神示」とかけ合わせたお話なので、神聖幾何学的なお話は、時間もないし、あまりできないのですが、3・5・7とか8・3・4とか9・5・1は、足すとどれも15になる。

じゃ、15の秘密はなんなのかということをお話しします。

みなさん、黄金比というのは聞いたことがあると思います。

実は、神社仏閣に人が集まるのは、その比率で建てた社殿だからです。その社殿の建て方の比率そのものがエネルギーを吸い込むようになっているのです。

神社仏閣の構造そのものに人を集める要素が隠れています。

そして、神社仏閣の大半は白銀比と言われる比率を使って柱を立てています。

その柱も、魔方陣を使って立てています。

四角がつくる黄金比と、三角がつくり出す黄金比があります。

みなさんが目にしたことがあるのは、四角がつくる黄金比で、三角がつくり出す黄金比はあまり見たことがないと思います。

その三角がつくり出す黄金比と、四角がつくり出す黄金比の差の数が15になります。その15の幅の中は自由です。

例えば、道路があって、道路の幅の中を走っていれば事故になることはない。だけど、その幅から出てしまったら、ぶつかってしまう。

幅として許されている領域が、15の幅です。

例えば、15の中に9があったとしたら、6の許容範囲でずれていい。

さっき黒川さんがおっしゃった十進法は、10の中に9個の数字しか存在しない。

10という幅の中で9個の数字が存在できる。

9だとすると、0・5、0・5の幅しかない。だけど、機械でいえば、0・5の幅の中をグルグル回るわけです（197ページ・上）。

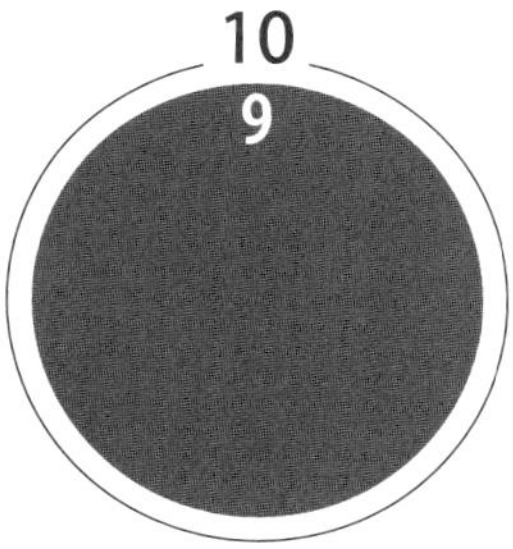

10の中で
0.5・0.5の幅で
9が回る

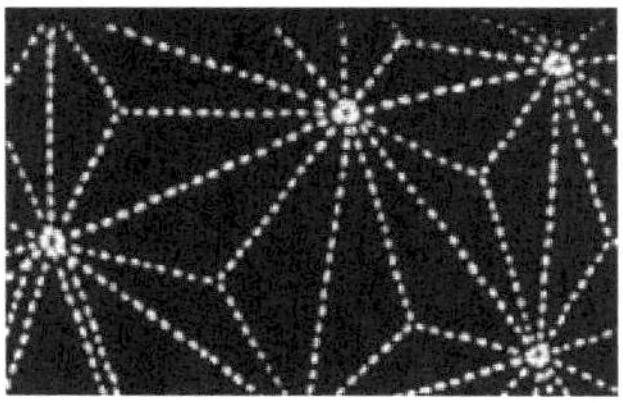

刺し子

ピタゴラスの定理が成り立つ数の代表は3・4・5です（135ページ・下）。

刺し子は、糸が見えているほうと見えていないほうとの波をつくっている（197ページ・下）。

現象界（現象化している世界）と見えていない世界を交互に繰り返している。

3・4・5のピタゴラスの定理も実は立体になっている。

詳細な話は今、ここでするには時間がはるかに足りない。みなさんがもし理解しようとしたら、何日もかかる。

それぐらい意識を閉じ込められているということを、まずは笑いながら受け取る必要性があります。

これは社会が悪いと決めつけるよりも、むしろ自分たちは試されていたということで、笑いながら受け入れられると、ボーンとチャンネルがつながって、いきなり理解する日が来るかもしれない。それはその人それぞれだと思うんですけど。

黒川さんがおっしゃったように、立方体は実は中にマカバがある。

マカバの頂点を結んであげると、立方体なのです（199ページ）。

このフラワーオブライフの中で緑のラインで見えているのが立方体です（2・3、6・7ページ）。

フラワーオブライフの中にはちゃんと立方体がある。

でも、立方体も実は真っすぐ天地があるのではなくて、頂点・頂点が立つようになっているのです。

そこも実は角度があって、ちょっと謎解きみたいな世界になっているのです。

黒川さんがつくってくださった資料は、みなさんがこれからいろいろと知っていく中で重要なことが書いてあると思います。

すごくいいヒントをお土産でいただいたのではないかなと思うので、黒川さんに感謝して、ぜひみなさんの中でさらにつなげていただけるといいと思います。

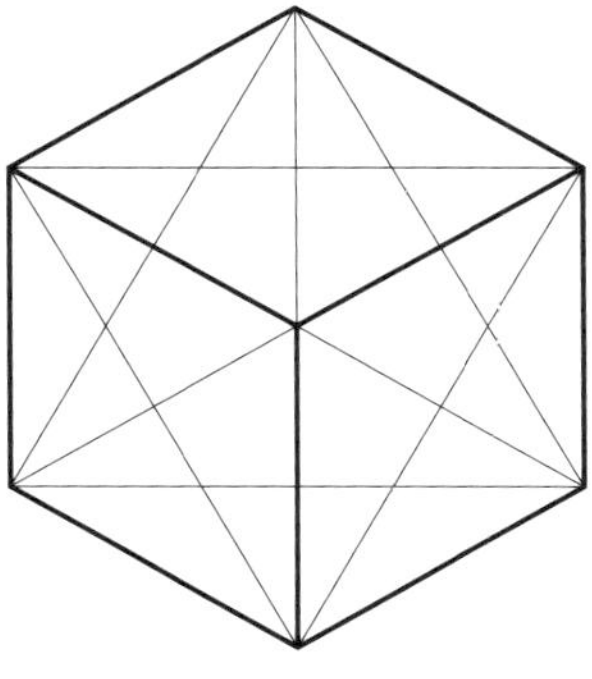

マカバの頂点を結ぶと
立方体になる

誰もやらなくなった宮中の祭祀を天明さんが代わりにやっていたことを示す「日月神示」の五とは⁉

黒川　4と5の働きについて、「日月神示」の中に1カ所だけ五を司る神が登場します。

手長手伸《たながたのし》堅磐常磐《かきはときは》に祝う御代《みよ》なる。生井栄井津長井阿須波波比支《いくゐさかゐつながゐあすははひき》たたえましを。底《そこ》つ岩根千木《いわねちぎ》岩高く瑞《みず》の御舎《みあらか》。四方《よも》の御門五方《みかどいつも》とひらき宇都幣帛《うづみてくら》を。御巫《かむなぎ》の辞《こと》竟《お》へまつる生足御国《いくたるみくに》、塩沫《しおなは》の留る限り皇国弥栄《みくにやさか》ゆ。海原の辺にも沖にも神つまります。

五十默示録《いせもくじろく》　第三巻「星座之巻」第二十五帖

難解きわまる文意の神示があります。

「生井・栄井・津長井（綱長井）・阿須波・波比支」とは、宮中神祇官《じんぎかん》の坐摩《いかすり》の御巫《みかんなぎ》の祀《まつ》る五柱の神名です。宮中三十六座神に祀られた神々です。応仁の乱で宮中の神祇官が荒廃してのち、京都御所の西側に祀られています。それが天明さんの五十黙示録の最後に登場します。

五柱の神は坐摩の御巫が祀ります。「いかすり」「いかしり」とも言います。「いかすり」は大和言葉ですが、古語で意味がわからない。大阪に坐摩神社があります。坐摩《ざま》の訓読みが「いかすり」です。難読漢字です。

大宮地《おおみやち》の守護する神とされ、「生井・栄井・津長井」三柱は井戸の神様です「阿須波・波比支」の「阿須波」は足羽とも書き、アナナイ（麻柱）に通じます。大地の神様です。「波比支」は、古い表記だとハハキです。謎のアラハバキ神がいます。

それと同じで、蛇の神様です。

「四方の御門五方とひらき」五行の方位、東西南北に中心の五方で、御所の四方に門があるのですが、プラス中心が5となる。

水は人間にとって命の源であり、井戸は必要不可欠なものです。井戸の水脈は目に見えぬもので、いわば潜象《せんしょう》です。見えない世界から、水という命の源が無限に湧いている。神の力「御稜威《みいづ》」といいます。その「いづる」神が五柱の神です。天明さんは五拍手を打つ経緯を、なんの説明もしなかったと聞いていますが、天明さんは五拍手を打ちながら、心中では坐摩御巫の神を念じていたと思います。

五拍手を打ったのは、突拍子もないわけでなく、実は宮中由来だったのです。本来、宮中のことを民間でやってはいけないとされます。宮中も明治維新以降は欧米化していく中で、裏で代わりに祭祀をする人が絶対必要だった。出口王仁三郎も、大正7年から宮中祭祀を取り入れていたのです。その後、大本事件等があり、王仁三郎が亡くなったあと、大本ではそういうことをしなくなります。すると、また代わりの人が必要になり、必ず白羽の矢が立って、誰かが代わりに修めていたのです。昭和20年代は天明さんが代わりを務めた部分があって、拍手を打つことを授かったと思います。

現在の神社参拝ブームを築いたのは近江神宮の横井宮司⁉ 靖国神社とり潰しの件でGHQと対峙したのもこの宮司‼ 天明はその相談相手だった⁉

黒川　滋賀県にある近江神宮の2代目宮司だった横井時常《ときひさ》さんは、神道界や宗教界ではすごく有名でした。今は吉野の天河神社に人が集まりますが、天河の前は近江神宮に集まっていたのです。現在の神社参拝ブームを築いたのは横井宮司だと思います。昭和50年代、日本中の神業者や霊能者たちが、近江神宮の横井宮司に面会希望した。

霊障《れいしょう》に苦しむ人たちも口コミで聞いて、日本全国から横井宮司に面会に訪れ、面会希望者で一日スケジュールが埋まるも、面会するとサニワ（審神者）して的確な指示を下したそうで、数霊で判断も下していたそうです。

数年前、天河神社で柿坂神酒之祐《かきさかみきのすけ》名誉宮司のお付きの方から、日本全国から名誉宮司に面会に来ると聞いて、霊的な継承をされていると感慨深い思いをしました。

霊的な近江神宮と天河とのつながりは、天智天皇と天武天皇の縁つながりだと、天河の柿坂名誉宮司がおっしゃっています。昭和40年代から柿坂宮司も近江神宮に行かれており、近江神宮の横井宮司も天河に来ていたのです。そういうつながりがあった。

横井宮司は五拍手を打つと、神道界では変わり者とされました（正確には五拍手両段で、十拍手）。今の神社の祭式には五拍手はないです。昨日話したように、一、四、八、十六拍手（八拍手両段）ぐらいです。宮中では新嘗祭に三十二拍手がありますが。五拍手はちょっと違う。

近江神宮で横井宮司が当時書いた文章を読むと、伯家神道から取ったと書いています。坐摩御巫の縁ということです。

横井宮司と天明さんは交流がありましたが、近江神宮境内に津長井を掘ったから、横井宮司の中にも坐摩御坐を祀る使命感があったのです。祭祀で五拍手を打つにも宇気比《うけひ》をして井戸を掘り神迎えしている、井戸という潜象世界から「みいづ」を吹き上げる一つのご神事だったのです。

今の世代、横井宮司は知られていないですが、世代的には天明さんよりちょっと下で、戦後の靖国神社の権宮司《ごんぐうじ》をしていた。「日月神示」に「お宮も土足にされる時が来る」(第十巻「水の巻」第四帖)とありますが、GHQでは、靖国神社を破却する計画もあった。GHQも、それにあたり、まず靖国サイドの主張を聞いた。GHQ相手に靖国神社が破却されるかどうかの瀬戸際で、横井さんに全てがかかっていたので、相当悩まれていたようで、天明さんのところにも相談に来たと話が残っています。結果、靖国神社は残される決定になりますが、その後、本人は大任を果たし相当気疲れして、一度神社から離れます。10年たって、また神社界に戻り、それまでの功績から、近江神宮の2代目宮司に就任したのです。

富士山を模し石を置く⁉　天明さんの神祀りは○△□の立体、神聖幾何学と関連していた⁉

黒川　私の中で、「日月神示」が立体として問題提起されたきっかけは、「日月神示」第二巻「下つ巻」第二十七帖に示された「天津磐境《あまついわさか》」の存在です。

この方祀るのは、真中に神の石鎮め、そのあとにひもろぎ、前の右左にひもろぎ、それが「あ」と「や」と「わ」ぞ、そのあとに三つ、七五三とひもろぎ立てさすぞ。少しはなれて四隅《すみ》にイウエオの言霊石《ことたまいし》置いてくれよ。

第二巻「下つ巻」第二十七帖

謎めいたご神示の一節です。

天明さんは自宅に「奥山」神前を祀っていた。それと霊的に鳩森八幡神社の富士塚が「一之宮」（顕現された斎庭《ゆにわ》）であり、対になり神様が鎮座した。そこから疎開した玉川学園（現・東京都町田市）の自宅に奥山が遷座《せんざ》して、庭にも土を盛って富士山をつくる。富士講は、富士山のミニチュアの富士塚をつくる伝統があった。その富士塚には、富士山の霊力を勧請《かんじん》しており、富士塚に登ると富士山に登ったと同じご利益があるという民間信仰があった。

今は富士五湖ですが、江戸時代まで富士講では富士八湖だった。ホツマツタヱにも富士八湖とあります。仏典では須弥山《しゅみせん》が宇宙の中心で、須弥山の周辺に8つの山と海があるとされます。そこで天明さんの庭にも富士山をつくり、石で海の形（九《く》山八海《せんはっかい》＝宇宙の縮図）が再現されたのです。

その設計図の大元の雛形が、今読んだ神示なのです。富士塚をつくり、富士の上に石を置き、前に2つ、後ろに1つ、神籬《ひもろぎ》の木を植えて三角形として「あ・や・わ」の言霊を表わす。富士塚は上から見たら丸い形です。その外周に前に2つ、後ろに1つの三角鳥居ができる。さらに、四隅に「いうえお」の言霊の石を置くと外側に四角形ができあがる。大まかに丸と三角と四角が合体した形になる。それが富士の神祀りの基本の型だとされている。

私は三典さんに「庭に富士山をつくったのですか」と、当時の話を聞きました。三典さんは「玉川学園の富士山や、菰野の至恩郷につくりましたよ」と、玉川学園では、富士のまわりに山と海の形をつくったとのことでした。ただ、富士の上に石を置く件は「これもやったのですか」と聞くと「それは、私はわからないのよね」との返事でした。千葉の富士塚の石は、天明転居後に画家の佐々木精治郎が祀ったそうです。

天明の弟子の風間さんに「4つの言霊の

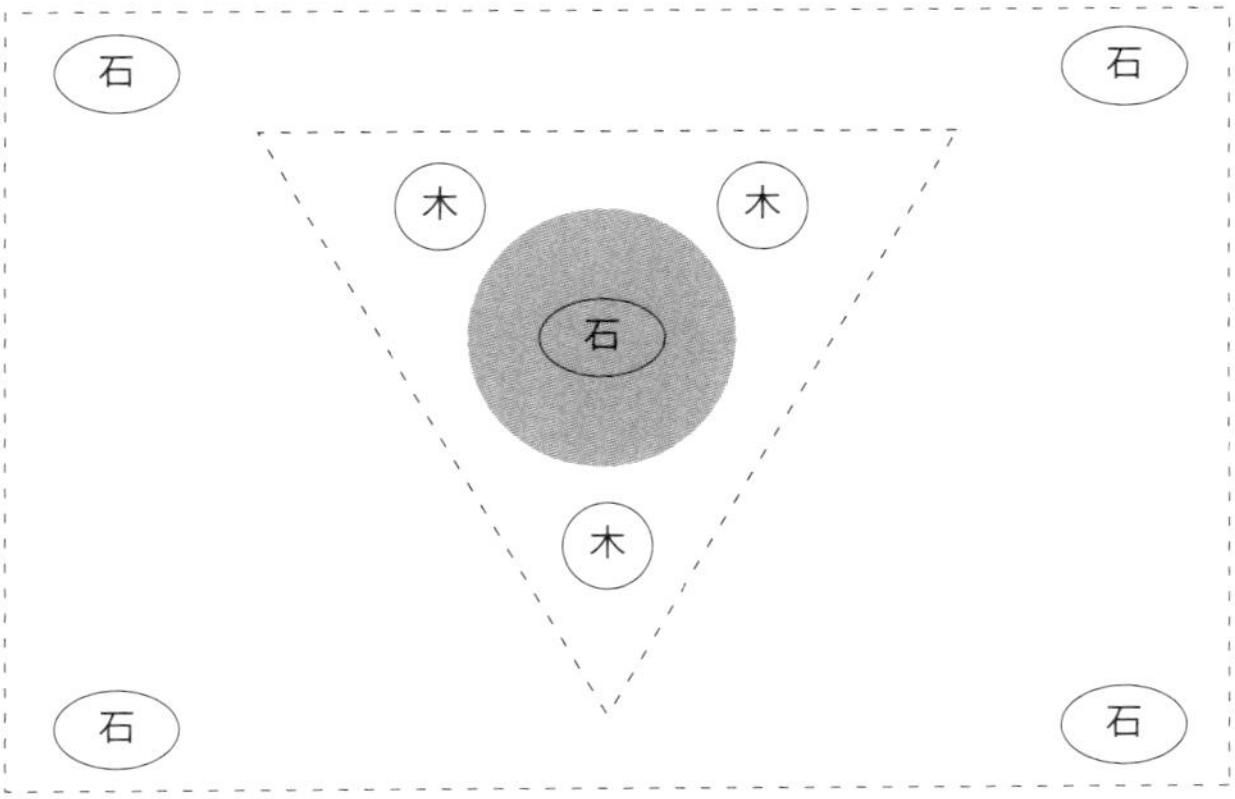

富士の神祀りの基本の型

石を実際に置いたのですか」と尋ねると、「それはやった」との返事でした。それは天明さんのところでなく、富士山麓で神事をするとき結界として4カ所に石を置いたそうです。

佐々木精治郎、天明のお弟子さんの風間奎作、林松治《まつじ》らが、富士山など全国の霊山へ行っています。「日月神示」に富士や、いろいろな地名が出ていますが、天明さんが神事で行ったあと、お弟子さんたちも跡を追いご神事をしたが、当時は必ず結界として四隅に石を置き、神様をお祀りしていたという話でした。昨日言ったように、4の力とその真ん中で、真ん中にお祀りする人が立つと5番目になります。

麻賀多神社裏手の天明さんの家は一番重要で、当時、天明さんが転居後も、ひかり教会関係者が土地を買って暮らしていた。その家も古くなり、解体撤去されて、長い間藪になっていた。以前その場所をのぞいたら、天明さんがつくった富士塚だけが残っていた。他人の土地だから外から観察していたのですが、躓《つまず》いてあッとよろけて中に入ると、草ぼうぼうだけど、上に石がないのです。おかしいなと思った。

ある日、買った人の甥《おい》に当たる人が土地を見に来ていたときに遭遇して、いろんな話を聞きました。「おじがすごく熱心だったんですよ。私は受け継いだだけで、よくわからないんです。これからどうしようかと思っていて」と言うので、「そういえば、あそこに山がありますね。石が載っていたのですよね」と言ったら、「あ、あった、あった」と言う。「その石はどこですか」と聞くと、「埋めちゃった」と言う。わからないから、危ないと思って穴を掘り埋めてしまったそうです。

それから数年たって、その人が売り、地元の人が買って畑にするとか、家を建てるとか、噂がありました。地ならしして、きれいになった。藪地のときはわからなかったけれど、土地は１００坪ほどありました。

神の石とは、神示に、「富士から流れ出た川には、それぞれ名前のついている石置いてあるから、縁ある人は一つずつ拾って来いよ」（第二巻「下つ巻」第十六帖）とあり、当時、みなさんで富士川（相模湾）に神の石を拾いに行ったそうです。神の石は大本教では「生き石」といい、密度の詰まった火山性の、重い石が当時好まれたのです。

神示に示された形は○△□で、曼荼羅《まんだら》のような平面図形としての理解を、私はしていたのですが、これは2次元でなく立体じゃないかなと思ったときに、ちょうどトッチさんの本を拝見したのです。

実は天津磐境にはモデルがあり、大本教の聖地綾部の本宮山《ほんぐうやま》山頂に王仁三郎の居館である「穹天閣《きゅうてんかく》」があり、そこの庭に言霊をあらわした天津磐境があったとされます、実物の写真さえ残っていません。現在の本宮山に特別参拝で拝観しましたが跡形も残されていません。天明さんは天津磐境の実物を見ているはずで、「日月神示」に石で言霊をあらわすと示されたときに、ピンときたはずです。

合気道は禊の技、天津金木の道 ○△□!?

黒川 合気道もそうです。植芝盛平は大本教の信者でした。

大本教の綾部で修行して、武田惣角《そうかく》の大東流《だいとうりゅう》合気柔術をさらに発展させて、今の合気道をつくった。

植芝盛平には不思議な言行録があります。毎朝、植芝盛平が朝稽古する前に、30分から1時間、居並ぶ内弟子の前で訓示を垂れるのです。延々、祝詞みたいにしゃべって、それを内弟子らが正座して聞いているのですが、内容が全く理解できなかったという有名な話があります。内弟子らは「早く終われ、早く終われ」と思っていたそうです。でも、植芝本人は気持ちよくしゃべっているから、これは自分たちがわからなくても、録音記録して、広くいろいろな人たちに知らしめないといけないのではないかと、古いお弟子さんたちは思われた。それから、録音して機関誌に掲載されたものが今残っています。

編集した藤平光一さんによると、相当リライトしたらしいですが、いろんなことを言っている中で「合気道は禊《みそぎ》の技」と言って禊だと示され、「天津金木の道」とも言われている。合気道が天津金木と言われても、普通誰もわからない。昨日の話から考えると、合気道は天津金木の働きで、天地水火の十字の「天の浮橋」で、四方天地体そのものなのです。それが植芝盛平の悟りでもあった。

植芝盛平が学びとった膨大なエッセンスを理解しないと、今の私たちは植芝盛平語録を読んでも理解できない。私は合気道をしていませんが、背景の哲学はわかるので、植芝本人が何を言いたかったのかとわかるところもあります。

植芝語録にも、○△□が多用されています。禅の悟りは言葉であらわされず「不《ふ》立《りゅう》文《もん》字《じ》」で、○△□と書いている。これも本当は立体だったのです。立体の意識のあり方、□の中に△と○を入れていったと思う。

植芝盛平があるとき、「わしは○△□とよく言っているけどな、○△□を一つにまとめて、玉にするんじゃ」と漏らしたそうです。

合気の演武で回すことによって玉にする。○△□を融合させて、はじめて完成された玉ができる。

○△□について（黒川柚月・セミナー配布資料より再構成）

祭祀法《さいしほう》を上から見れば丸い富士塚、三角の神籬、四角の言霊をあらわす石を重ねれば、○△□の図形となる。

吉田神社大元宮・天津磐境、禅でも○△□は多用される。

禅の世界でも悟りの境地をあらわすのに○△□が使われ、合気道開祖、植芝盛平も合気道の極意を○△□をイクムスビ・タルムスビ・タマツメムスビとしている。

植芝盛平は○△□が一体化してさらに丸くなると、複合立体にとらえてい

吉田神社　大元宮　天津磐境

たようだ。

植芝盛平は「三千世界一度に開く梅の花」と宣《のたま》って、開掌《かいしょう》して合気を掛けた。梅の花の五弁を五本指に見立てた様は、まさに一四一四ではないか。

植芝盛平に○△□を宇宙の極意として伝授したのは、大本の出口王仁三郎だったことは、北伊勢菰野で天明と交流した錦之宮の大本教信者・辻天水《てんすい》（辻正道《まさみち》）が残した『神言書《しんげんしょ》』（昭和24年）を読むとわかる。（以下抜粋）

○《イヅ》と□《クニ》とを△《ミヅ》が繋ぎて動き行くことを忘れず全部に活を入れて行けよ。
○は大きく和かいものあるから、中に△《ミヅ》或いは□《クニ》を入れると夫々の形に成る。
三が元で八《ヒラ》く力が出る。□《クニ》は・《ス》から一《ハジマ》り八《ヒラ》き合すから六合《クニ》と云うのである。
・より始まり八《ヒラ》きたる。△を上下左右合して□《クニ》となる六合《クニ》を修めて一のウに戻し絶えず循環する機構を樹《タ》て霊止《ヒト》ビト（三元）に働かせるのである。言霊《コトダマ》を出さねば働きを生ぜない。故に人の体も言霊台である。
神は十字路であるから辻に降りて働くのである出口から出てのう。

田《タ》では口《クチ》ばかりで出来て△が出来ぬから力が出来ず働けないから△力が出る様に神は⧄掛け引きならすのである。△が寄り合ひて×になる即ち四魂の働きに依り×神を現すことになる。神とは申せば賢い斗《バカ》りの四角張った縦十では用に立たぬから斜線の×にするのである。其れで辻の辶を取って斜めにするのである。

『神言書』

玉成の賦　　昭和十九年八月二十四日
一客の量炭霊火の基　　神定の基元は既に定む
万歳一度に桃花開花し　　大空に呼号し未だ東天ならず
三五力神出世の時　　謹んで祖神に奉仕する体を迎う
宇宙万象正序に還り　　素神元に還って天地開く
渺海《びょうかい》の孤島に神旗翻り　　国生成りて万物を産す
偉なる哉壮なる哉清玉成り四海の大和永遠の華

三雲龍三神示による淡路島元井戸完成間近の詩賦《しふ》

元井戸から産出した亜炭（再燃炭）を歌う。当時、亜炭（石炭に劣る燃料）が黄金になると神示が降りていた。

トッチ フラワーオブライフは偶然○△□だ。まず、○があって、この中に△があります。また、中には□がある。偶然かね。

黒川 いや、必然で、○△□は禅だけではなくて、神道家はじめ、いろんな思想家が言います。三重の椿大神社《つばきおおかみやしろ》の先代山本行隆《ゆきたか》宮司も「○△□」と本に書いています。○△□が一体となっている図をシンボルに使っていますが、従来はそこで止まってしまった。見ても、ああそうかで終わった。脳がシグナルでなくノイズとして処理していた。そうではなくて、背景にさらに立体に展開する世界があると今回、我々がはじめてわかったような感じがします。

トッチ　これからこういうのがつながりやすい時代になってくるのではないかと思うのです。例えばゲームのコントローラーも○△□に×ボタンがあります。

僕たちが子どものころ聞いた「まーる、さんかく、しかーくー」という歌も含めて全部、聞いたことあるもの、見たことあるものをみなさんは素通りしてきた。黒川さんは先ほどノイズとおっしゃったけど、そんな重要なものだとは思ってこられなかった。

まず、○に関しては、３６０度を示し

△○×□ボタンのゲームコントローラー
PlayStation / DualSense ワイヤレスコントローラー
Sony Interactive Entertainment Inc.

ます。対して、△は60度を示します。□は90度を示す。これで1つのサイクルを示している。そして、エネルギーの回転。

合気道のお師匠さんは、合気道の動きこそがエネルギーのシステムのお話なんだということをお伝えしたかったんだろうけれども、逆にフラワーオブライフのような「もの」がないと、その説明ができないのです。

つくり出しているのはトーラスのエネルギーと言ったらいいかな。手の動きと足の動きを反転させて回すことで、向かい合った三角が回転するイメージを持っていただけるといいのではないかと思います。

そして、石をサークル状に並べる。意思を並べる。

ここは「石」と「意思」がかかっていると思うので、石を使うことで、いろんな思いを乗せる。

イシという言葉自体が14という数字を持っています。そこに意味（イミ・13）を持たせることで、面白くつながる。

昨日からお話ししているように、日本語というものをいま一度精査してみると、非常にシンプルなエネルギーのお話だったということがわかる。言葉そのものが、実はこういったものとつながることができるようになっている。

また、そうなっている国はこの国しかないのではないかというところから歴史を振り返ってみると、「日本から新しき時代が始まる」という言葉に託されているものは何かということがわかる。

神道が昔から何を伝えようとしていたか。そして、神社に行けば、狛犬は球（玉）を踏んでいる。しかし、そこを通り過ぎてみんな自分の願い事を叶えに行く。狛犬２匹には、阿吽《あうん》という名前がついていて、「始めなり、終わりなり」なのです。片方の狛犬は球を踏み、片方は子どもを抱いている。

また、球を踏んでいない、子どもを抱いていない狛犬もいる。でも、球を踏んでいる狛犬、子どもを抱いている狛犬を見た人が、今度は何も持っていない狛犬を見ても、ないけどある状態になる。

わかるかな。あるけど、ない。ないけど、ある。

そういうところでとらえられていくと、神社のつくり自体が宇宙の仕組み、成り立ちをあらわしているものであることもわかる。

狛犬の奥は参道になっているけれども、実はその手前、狛犬が踏んでいる球もそうだし、お寺でいえば灯籠《とうろう》が五輪という名前に変わったりする。五輪はそれぞれ、火・風・土・水・空《くう》という5つのエレメントをあらわしている。

昨日、今日でお話ししている5の秘密を6で結ぶ。語呂（56）です。「語呂合わせ」という言葉をなぜ使うかというと、いろんな謎解きができるように仕掛けがしてある国なのです。

だけど、それをひもといていくには、立体が先に行かないとできないようになっていたんじゃないかなと思っています。

僕が大したことを知らないのに説明できるのは、立体を通して考えるからです。

難しいお話だけをひもとこうとしていたら、延々にどうどうめぐりになってしまう。

量子も立体で見る⁉ 一人一人が本当のフラワーオブライフの交点になっていくことで生み出されるエネルギー！ 勘違いでなく本当の世界を理解する方法⁉

トッチ　僕は神様を追わなかった。

理由は、例えば今だったらアマテラスとかが日本の神様と言われていますが、隠されてきた神様のほうが多いわけです。

表に出ていない。はたまた歴史にも一切出てこない。神様を追うこと自体が、迷子になる仕組みなのだと思う。

誰が人間をつくったのか。それをつくったのはアヌンナキだというなら、アヌンナキをつくったのは誰か。情報の止まるところが必ず出てきてしまうのです。

宇宙の全ての始まりは何かと言ったときも、表向きはビッグバンと言われているけど、ビッグバンも下手したら1回だけではなくて、今まさに起こっている最中だと思う。逆を言えば、ビッグバンなどなかったのかもしれない。

僕は、僕のところに学びに来ている人たちに、あえてオンラインゲームの「ファイナルファンタジーXIV」をやってもらっています。

エーテル、こっちで言う「見えないエネルギー」のお話があり、魔法が使えたり、魔法陣が出てきたり、クリスタルの秘密を探ったりする。そういう、今の社会ではないことになっている世界をみんなに体験してもらいながらお伝えすると、つながりやすいのです。

僕の考えを表で堂々と言っても、みんなその重要性や必要性を全く理解できない。なぜなら、多くの人が求め、意識が向いているのは、いくら稼ぐかとか、いかに有名になるかということだからです。

本質の世界を理解していくということ自体にまず興味がない。

これは量子の世界の話になってくるのです。

量子力学とか波動の本がいっぱい出ていると思うけど、実際は全部立体の話です。

順番が全て逆なのです。

立体を知らないまま量子を語れば、また今までの時代と一緒で、違った解釈の量子になってしまう。順番どうりにしないと、これからは惑わされる時代です。

要は、今いろいろ気づき始める人が多いけれども、平面的な意識のまま気づきが始まってしまうと、これからは勘違いのまま進んでいってしまうということです。

一人一人が気をつけていかなければいけないところだと思います。

本当に奥が深過ぎるのです。

例えば、フラワーオブライフの中にはマカバも入っています（2・3、6・7ページ）。マカバというのは、さっき黒川さんがおっしゃった、線でつないだ立方体の形です（199ページ）。

今、この中には三重構造のフラワーオブライフの形が入っているのですが（1、4・5ページ）、六重構造、九重構造という、3・6・9でマカバがあらわれる（225ページ）。でも、こういうものをつくったことのない人には、僕が何を言っているのかさっぱりわからないと思うのです。

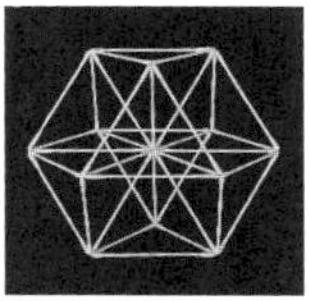

ベクトル平衡体
（一重構造）

三重構造ベクトル平衡体

三重構造ベクトル平衡体の中に
あらわれるマカバ（二重構造）

九重構造をつくりましょうと言うと、すごく大きくなってしまう。

まず一人でつくることを認識することも難しいかもしれない。

知らなきゃいけない世界は、あらゆるエネルギーを集めないと見えてこない。

僕だけではできないこともあり、それをまたサポートしてくれる仲間たちがいて、一人でやっていることではない。

それこそ一人一人が本当のフラワーオブライフという交点になっていくことで生み出せるエネルギー、引き出せる力があるのではないかと思うのです。

明治維新以上の変化は目の前⁉　日月神示の「五の謎」に立体の中に出てくる数字が書かれている⁉

トッチ　黒川さんの資料を見たら「五の謎」というところにすごく重要な数字が書かれています（２３０ページ）。

イシもの言うぞと申してありたが、〔中略〕地は四であると今までは説かせてあったなれど、いよいよ時節到来して、天の数二百十六、地の数一百四十四となりなり

五十黙示録　第一巻「扶桑之巻」第一帖

これは全部、立体の中に出てくる数字です。こういうのを理解するには、実際に人間がつくっていかないと見えてこない数字がたくさんあります。

みんな形だけまねして神聖幾何学と言っている人が多くて、なぜそれを中途半端に伝えてはならないのかということを知らないまま、伝え始めてしまう人が非常に多い。封印されていた世界を中途半端に伝えてしまってはならないんです。

なぜ先人たちが守ってきたのかということ。

みんな引き寄せの法則とかにとらわれやすいんですけど、立体の世界になると、自分が望んでいる世界だけではないわけです。エネルギーを集めるということは、

自分が望んでいないものまで集めてしまう。

中途半端なエゴで扱おうとするととんでもないことになってしまうということを、理解してから人に伝えないといけない。失敗するわけにはいかないんです。

天明さんたちが伝えたかった世界を中途半端に伝えようとすれば、やっぱり壊れてしまう。それが自分たち人類の覚醒にかかっているとすれば、なおさら中途半端にはできないし、貫き通すことの難しさ、時代背景に合わせた柔軟さが必要で、その絶妙なところで僕もみなさんにお伝えしているので、そのへんだけは、はき違えないようにしてもらいたい。

要は、伝えなければならず、伝えてはならない世界を今、黒川さんとお話ししています。そのあたりのバランスの兼ね合いも踏まえながら、みんなで意識する。

エゴで知ろうと思っても知れない。すぐに閉じてしまう。

言葉にするのは難しいですが、神国日本、なぜ神の国と言われるのかということも改めて知ると、こんなに面白い時代に生きていられる喜びがある。

僕たちは、明治維新以上の変化をこれから体験するのではないかと思います。

その準備段階として、いろいろつながる人たちがいて、それはまた僕もその一人かもしれないし、みなさんたちもそうかもしれない。

ここで、黒川さんとこういう会を交点の一つとしてやれているのではないかなという意味合いでいくと、これから逆に、ここを基点としてどういう世界が展開されてくるかというのが、また非常に面白くなる。

僕も改めて、どこまでひもといていけるかということをまたやりたいと思うし、黒川さんと協力し合って、面白い発信ができたらいいなと思います。

今日、参加された方は、改めて数を拾ってみたりして、黒川さんが用意してくれた資料を無駄にしないでほしい。

黒川さんも、資料としてまとめるだけでも大変な労力というか、エネルギーを費やしてくださっている。

その側面を見られるようになったら、それだけでも立体的な価値観に変わっていく。そういうところで大切にしてもらえるといいのかなと思います。

五の謎（黒川柚月・セミナー配布資料より再構成）

イシもの言うぞと申してありたが、イセにはモノ言うイシがあると昔から知らしてあろうがな、五のイシがモノ言うのであるぞ、開けば五十となり、五百となり、五千となる。握れば元の五となる、五本の指のように一と四であるぞ、〔中略〕天は三であり、地は四であると今までは説かせてあったなれど、いよいよ時節到来して、天の数二百十六、地の数一百四十四となりなり、伊邪那岐《イザナギ》三となり、伊邪那美《イザナミ》二となりなりて、ミトノマグワイして五となるのであるぞ、五は三百六十であるぞ、天の中の元のあり方であるぞ

五十黙示録　第一巻「扶桑之巻」第一帖

伊勢のもの言う石とは『伊勢参宮名所図会』にも登場する志摩の鸚鵡石《おうむいわ》のことである。

鸚鵡石は石の一方で小声で話した声が、遠くの石から聞こえる不思議な石

のある場所で、江戸時代から伊勢巡礼者にも人気のスポットであった。

「五の一四《いし》」とは五本の指を指し、扇でもあった。古来の扇は五本骨のかわほり（蝙蝠）扇（下図）と言い、白いコウモリの翼を見て、丹波亀山（亀岡）の佐伯で発明されたと『扇之記』（西村義忠著）にある。竹細工の伝統品だった。

有職故実では、笏《しゃく》の代わりに扇を持つが、扇が御手代《みてしろ》だった。御手代（扇）を使い直接対象にはふれないのが古式の所作である。

出口王仁三郎は竹製の杓文字《しゃくもじ》を、御手代として鎮魂の「お取次」（病気直し）

かわほり（蝙蝠）扇

に使わせたが、出口日出麿と岡田茂吉は扇子を使って鎮魂していたと伝わる。神示の「いよいよ」は、原文では「一四一四」だが、御手代の扇のことを暗示していた。

一四は、天津金木の四方と軸をもあらわしている。

「天は三であり、地は四」は河図洛書の河図の数字。「天の数二百十六、地の数一百四十四」は易経・繋辞伝《けいじでん》に出てくる。36の倍数である。36は神聖幾何学ワークや天津金木の運用の基本数である。「伊邪那岐三となり、伊邪那美二」は、伊勢の心御柱《しんのみはしら》の地上部分と地下部分の対比と同一であった。

日月神示の「五十黙示録」に多出する五の起源をさかのぼると、事象を五つに分類する古代思想に行き着く。古代、中国の五行（水火木金土）思想。密教の五蘊《ごうん》（色受想行識《しきじゅそうぎょうしき》）。五智五仏《ごちごぶつ》（大日《だいにち》如来、阿閦《あしゅく》如来、宝生《ほうしょう》如来、観自在王《かんじざいおう》如来、不空成就《ふくうじょうじゅ》如来）。五大明王《みょうおう》（不動明王、降三世《ごうさんぜ》明王、軍荼《ぐんだ》利《り》明王、大威徳《だいいとく》明王、金剛夜叉《こんごうやしゃ》明王）。曼荼羅世界の仏たちや、神仏習合《しんぶつしゅうごう》から両部神道《りょうぶしんとう》が集成され伊勢神道が成立する。室町中期の公家で学者の一条兼良《かねよし》『日本書紀纂疏《さんそ》』において、朱子学の理気と五行思想、神儒仏《しんじゅぶつ》の三教一致を習合させた。

中世から近世の諸家神道である吉田神道や垂加神道に、神仏習合から反転した神道の優位を主張する教説が現れる。

江戸初期に『先代旧事本紀大成経《せんだいくじほんきだいせいきょう》』が出版された。大成経の儒学は理気を主張するが、宋《そう》代の朱子学から理気を取り込んで五鎮《ごちん》（神・心・理・気・境）とした。大成経は万象を五つに分類して説明している。大成経の出現は同時に日本最古の古典として一部で珍重され、各地の神社縁起への影響や、大成経の神道秘説伝授が行なわれ依田貞鎮《よださだしず》（偏無為《へんむい》）のような人物もいた。

平田篤胤『神字日文伝疑字編《しんじひふみでんぎじへん》』に大成経由来と類似する伝承に、アワノミヤ（泡輪宮）から発掘された斎部《いんべ》のハニフダ（土笥）に由来する神代文字を各種伝受された記録がある。神代文字の起源にフトマニのマチガタが想定された。

大成経の五鎮思想は、江戸中期から宮中祭祀から神道説として各地に門人を取り、吉田家に遅れて教勢拡大を図った神祇伯白川家の伯家神道の五魂説《ごこん》に影響を与えた。

本田霊学の一霊四魂は、高濱清七郎と友人だった本田親徳《ちかあつ》が泥魂の軸の働きを直霊《なおひ》として、一霊四魂と改変して世に広めたものだ。

伯家神道では、天津祝詞の太祝詞を「かんながら（随神）」の五文字と伝えている。教派神道の神習教《しんしゅう》も同じ伝承を伝えている。ではなぜ、五文字とするのかは、伊勢神宮の心御柱が五尺とされ、心御柱とは忌柱《いみばしら》、御量柱《はかりばしら》と言われ、地下に二尺埋められ地上に三尺、五色の布を二重螺旋に巻き付け、心柱の周り八方向に八十平瓮《やそひらか》として素焼きの土器を積み上げる。心御柱は今上天皇の身長に合わせると口伝があり、吉田神道では古代の雄略《ゆうりやく》天皇の背丈に合わせたと伝承する。

明治4年まで心御柱は聖所として至聖の奉斎《ほうさい》対象であり、神聖な童女である物忌の子良《こら》が献饌《けんせん》して奉仕していた。

伊勢神宮と神聖幾何学の関連は社《やしろ》の屋根に載せる鰹木《かつおぎ》を丸く削るのに、原木から四角から角を落とす作業で八角、十六角、三十二角、六十四角として、それから丸く削る作業工程がある。単に木材を丸く削る工程なら、六十四角にする必要はないので、易理に沿って工程を仕上げている。

非常に重要な本『先代旧事本紀大成経』にも「五」がある⁉ 五本の指の働きは1と4でイシ(石、意志)⁉

黒川　ヒカルランドはいい本をたくさん出しているのですが、あまり宣伝しないから、誰も知らない。あと、発刊点数が多過ぎて、どこに何があるかわからない。例えば、先代旧事本紀大成経を解説した『[新装版]「神の学問」入門　先代旧事本紀大成経』はすごいです。大成経は、30年前は古書でも6万円したのです。情報を得るにも古本屋にしかなかった。最近でも４万円を出さないと古書が買えないような本の内容が、現代語の解説が入って２２２２円プラス消費税です。数霊か何か知りませんが、どう見てもネタ価格です（笑）。

６万円ついた『鷦鷯《ささき》伝先代旧事本紀大成経』（宮東斎臣《みやとうなおおみ》編）は、昭和56年に先代旧事本紀大成経刊行会から刊行されました。八幡書店ができた年ですが、八幡の武田崇元《すうげん》さんは関わっていないそうです。江の島の児玉神社の山本白鳥宮司が中心になり刊行された。あるとき、天河で柿坂名誉宮司と話した折、昭和56年のころの思い出に「鷦鷯伝先代旧事本紀大成経という本がありました」と言ったら、「あれはうちで出したんだよ」と言う。えっと絶句したら、出版費用は天河神社から出たそうです。それはなぜかといえば、昭和56年辛《かのと》酉《とり》だからです。

昭和56年は辛酉で、革命が起こる年です。そこから60年前の辛酉は大正10年です。

大本教では、大正10年に世界戦争が起きるというのが最初の予言だった。日本に世界中が攻めてくる。これが「立替え」ですが、世界戦争で日本が9部9厘負ける最中、地球規模の大異変が起きて、その後「ミロクの世」が到来する、と。ところが大正10年には何もなかった。

未来への歴史の流れは直線だけでなく円環でもあり、60年周期のつながりがある。大正10年辛酉から60年後の昭和56年辛酉、『鵜鷀伝先代旧事本紀大成経』がはじめて出版された。同年、『大石凝真素美全集』も八幡書店の前身に当たる同刊行会から刊行されています。

辛酉に「火の雨が降る」と予言された60年後に「大難が小難無難」にと霊的な転換点として、叡智の爆弾が炸裂したのです。

大成経にも諸本ありますが、ヒカルランドからこんなに安い値段で解説本が出ている。

五の話も、先代旧事本紀大成経から「五鎮」(神・心・理・気・境)を経由して「日月神示」に流れています。五鎮ということで、先代旧事本紀大成経は、森羅万象を５つに分類して語っています。

５つとは、人間の指の数です。５本の指は拇《おやゆび》と残りの指で１と４、イシの働きです。「三千世界一度に開く梅の花」と、大本教の有名な一節があります、梅の花は５弁です。植芝盛平は、「三千世界一度に開く梅の花」と宣って、指を梅の花びらのごとくに開き、合気を掛けると、みんなバババッと倒れた。

合気も根源は指の形です。開掌伝といいます。武田惣角は仏教の蓮華生《れんげしょう》の蓮華の花と言いました。植芝盛平は梅の花だと言います。合気を掛けるときは、この指の形、５本を開けば、かわほり扇になる。５本の働きは４つと中心・軸、４と１、イシで、天津金木でもあります。

ご縁もあり、天津磐境の断片も入手しました。

天津磐境は平面ではなく、意識を立体に向けていく。立体は、対象物と観察者の関係性で外に見るのではなく、中から見ていく意識が必要ではないかと、トッチさんは表現されています。

時空を超えて、軸を超えて、多次元へ！
魂の形を認識する大人の保育園は綿棒でつくるところから!?

トッチ　中からつくっていくしかないんです。

僕は綿棒で立体をつくってもらうワークショップをしています。

立体は中心からつくっていくのですが、自分の中のブレがあると形にならないということを知ります。

逆に、全く中心がない状態で大きなものをつくってもらったりもします。

中心がないというのは、何が中心かわからないまま大人になっちゃったみたいな、今のみなさんの状態です。

完成した状態の中心のない構造体に、中心を入れてみてもらうのですが、できたものをバラさなければ入らないのです。つまり、はじめからつくり直さないと中心がつくれないということなのです。

それも言葉ではなんとなく理解するのですが、実際に体験することで、本当に最初から自分を再構築する必要があるということを学んでもらっているのです。

それは時間もかかるし、エネルギーもかかる。でも、本当の世界を知ろうとしたら、時間もエネルギーもかかるものなのです。

今はスマホで調べれば情報が出てくるし、瞬時にデータだけは受け取れるのですが、そうやって受け取れるデータと本当に知っていく世界は、また違うということを僕たちは改めて認識しないと、これからは本当に「日月神示」に書いてあるとおり、世界はニセモノばかりになる。もうすでになっているかもしれない。

実は、みなさんは魂の形でもある。仕組みでもある。そういうところを改めて認識する。

「日月神示」なり、黒川さんがおっしゃってくださった先代旧事本紀をはじめ、先人たちが残してきてくれたものは何を伝えようとしているのかと言ったら、どんな角度からいってもみな同じだと思うんです。

でも、その同じことは何かという明確なものを示せなかったので、比喩表現として神様が登場してくる。

仏教でいえば、大日如来といった仏の世界として表現される。だけどみんな、大日如来を追いかけてしまう。不動明王を追いかけてしまう。そうではなくて、それらはエネルギーのあらわれとしての表現方法なので、その奥があるということを理解しないといけない。

「お化けが見える」、「〇〇の霊が見える」という人がいっぱいいますが、霊そのもののエネルギーを知ろうとしていない。

あの人はどうこうと言ったって、見た目の話しかしない。常に側（がわ）の話しかしていないから、本質が見えない世界をずっと漂うことになってしまう。

真ん中から知っていくということを常に理解すれば、ヒカルランドさんにある本も全てヒントだし、みなさんの生活している中にも必ずヒントがある。

家を建てるときに、なぜ柱を立てるのか。

柱は昔、神様を意味していた。木の主と書いて「柱」なわけです。「主」も、チョンの下に王です。

文字をひもといていくことも含めて、面だけで見るのではなくて、時空を超えて、軸を超えて見ていくという物の見方、とらえ方をして、理解していくことで、多次元が同時に存在しているという認識につながる。

太陽も、何分か前の光を見ているわけだから、今の太陽というのは常に見えないわけです。月の光も、「月光浴だ」、「満月だ」と思っていますが、何秒か前の満月です。

冬至《とうじ》、夏至《げし》という重要な4つの交点がありますが、8月8日になると、ヒカルランドさんの界隈《かいわい》で言えばライオンズゲートみたいな言葉が出てきたりします。

夏至の日にどうこうと言うけど、実はその日にエネルギーが変わるのではないのです。

例えば、春分の日。春分のエネルギーは冬至と春分の中間あたりから変わり出すのです。

エネルギーの変化のポイントはそれぞれの中間です。

ここから動きを変えていき、春分ではじめてそのエネルギーに乗れるのです。いきなり「今日はこれだ」とやっても遅いのです。

そういうものも腑《ふ》に落としていくと、見えない領域、感じることができなかった世界を体験していけるのではないかなと思うし、むしろそういうことを理解していかないといけない。

日本人は特に、平和ボケしているのか何か知らないけど、事が起きてからじゃないと考えられない。

でも、全ては見えない世界から始まっているから、その軸となっているものがあったら、その中間点はどこなのかが見える自分づくりというのを一人一人ができたら、みなさんは、僕が表現した以上のものをつくれるかもしれない。

みんなどう見たってアヤシイ人たちじゃないですか。この中で一番まともなのは僕ぐらいですよ（笑）。

そのへんをちゃんと理解していただきたい。

僕も、ヒカルランドさんから「本を書いてくれ」と言われたら、ページ数は多くても、どこかに「ウンコ」と書いてあるだけで、そこから真意を探ってくれという見せ方になる。今お伝えしても、みなさんわからないし、わかれないからです。

今の自分の状態では知ることができない、知れない世界のほうがはるかに大きいということがわかると、謙虚に知ろうとするから入り口が徐々に開き始めるのですが、わかった状態になって誤解していると、閉じたままなのに知ったつもりになってしまうことが多い。

ここは人類全員で学び直したほうが早いのではないかと思って、大人の保育園という形で綿棒でつくるところから始めました。

例えば、僕のところに来た人に定規などを渡して「正六角形を書いてください」とか「正五角形を書いてください」と言うと、書けない人のほうが多いのです。

子どものころにさわっていた定規やはさみやホッチキスを扱えないまま、大人になってしまっている。

頭では六角形をイメージできるし、五角形もイメージできる。だけど、それを実際に書いてみてくださいと言われると、書けないのです。

五芒星は黄金比になっているのを知っていますか。

正五角形を書いてみると、真ん中の五角形の一辺自体が1だとしたら、延びてきてとんがっている部分は1・618になっているのです（245ページ）。それを構築していくと、立体がつくれます。

みんなが知っているのは、黄金比の渦だけです。60度ずつずらして反転させると、渦の目ができる。その真ん中にできる模様はフラワーオブライフです。

黄金比の渦1個だけが渦ではなくて、あらゆるところからの流れが合わさって、真ん中にフラワーオブライフ、正確にはシードオブライフの模様が生まれる（10ページ）。それがあらゆる角度から入ってくると、ベクトル平衡体が渦の中心になる。

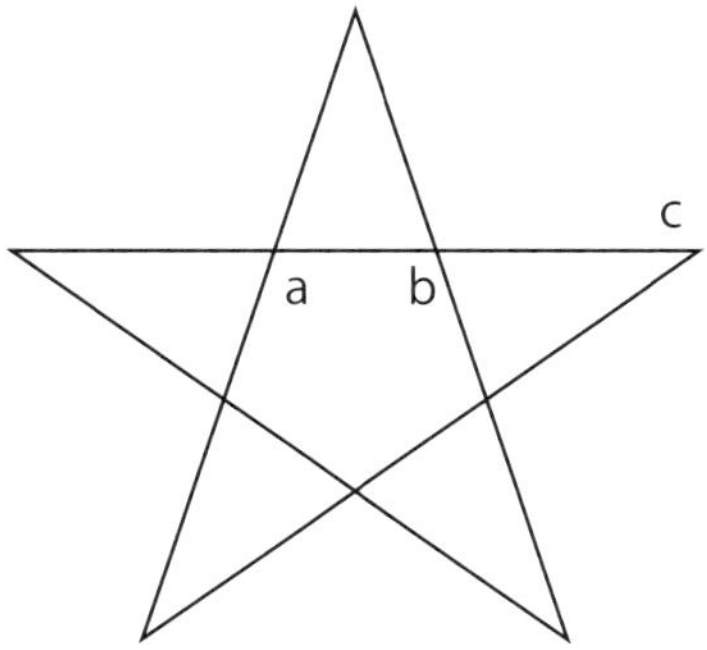

$ab : bc = 1 : 1.618$

五芒星は黄金比

渦の目になります。

台風の衛星写真は、雲だけがあって、真ん中があいている。

その真ん中の見えないところには、ベクトル平衡体が存在しているということを見ることができるようになると、また違った世界を見ることができるのではないかと思いますし、そういったものの見方がこれからの時代にはより必要になってきます。

試されているのかなんなのか知らないですが、エネルギーのポイントは角に集まります。みなさんも、掃除をするときに、角にほこりがたまっているのに気づきませんか。これが仕組みなのです。

地球上にはいろんな海の縁《ふち》があって、つまり崖《がけ》があって、その崖が何年、何十年、何百年とたったら、崖ではなくなって、海だけになっている場所がいっぱいあります。そこの崖はなくなったのではなくて、細かくなって、移動しているだけです。

この地球が一方向の回転をして、何十年、何百年、何千年とたつと、地球上で重さがかたよる場所ができてくるのです。

そうすると、地球は軸を保とうとして、今度は違ったところを軸にします。これをポールシフトといいます。

地球が歳差運動《さいさうんどう》を続けるためには、ポールシフトを起こす必要があります。

地球が地球を維持するために、南極だった場所が次には何とも関係ない場所になったり、何とも関係ない場所が極になったりする。

地球は昔、パンゲアと言って一つの大陸だったみたいなことを言われていますが、地球は大きく成長してひび割れたのではないか。そのほうが、大陸同士、形が合うし、理にかなっているわけです。

僕たちの体も大人の大きさになるのと一緒で、地球自体も大きさが変化する。もしくは縮むときもあるのかもしれない。

そう考えると、大気の濃度、酸素濃度も大きく変化するときがあるとわかる。

恐竜だと思っていたものが今やトカゲだし、フェイクとされているけど、実は巨人の骨もいっぱい出ている。大気の酸素濃度や空気中に含まれているいろいろなエネルギー、質量によって、動植物の大きさは変化します。

これはアカデミズムではあまり言われていないし、僕が適当に言っているだけなので、うのみにしないでいただきたいのですが。

「地球を守る」「地球のために」と言う方がいますね。でも、地球自体が生命体です。

僕たちは地球上の微生物にすぎない。そうすると、「地球のために」というほうがおこがましいお話でもあったりするわけです。

全部が生命している。共鳴はその仕組みでしかできない。本当にこの国を守っている人たちがいるなら、そういう人たちが前に出て、どんどんこういう話をしてくれればいいのに、僕などが話さないといけないから、まず誤解から始まるわけです。

こんな身なりで前歯のない人が変なことを言って、通報寸前です。街を歩けばおまわりさんばっかり近寄ってきて、何か持っているんじゃないかみたいなことを言う。この切なさ、わかりますか。前歯もないヤツが何を持っているというのかって話なんですけどね。

だからこういうものは遊びながらひもといていく。真剣にならないことです。

エネルギーの回転には器が必要になります。器の中で回れる余白が必要です。
さっき、10の中は9が回ると言いました。そして、黒川さんが7の話をしてくれましたが、1週間は7日。日曜日は休む。つまり、7の内実際は6が回る。その中で重要なのは5です。

1週間には、日（ひ）と月（つき）がある。月は月曜日で、今の僕たちの感覚では始まりになっているけれども、すりかえも起きていると思うのです。そういうのも理解しながらひもといていく。

笑いながら、遊びながら進んでいかないと、かたくなってしまって、とらわれてしまう。柔軟性が重要になってきます。

昨日も言いましたが、真剣にふざけながら、みんなで謎解きができたら面白いなと思いますし、こういうものを学び、探求すればするほど、日本という国のヤバさ、この国が持つすさまじさ、この国が持つ秘密も知っていくと思います。

このフラワーオブライフの模様は世界中にあるのです（250ページ）。ということは、僕が思うに、世界共通の文明があったはずなんです。

世界中にある模様

フラワーオブライフ

御神輿《おみこし》の中にはフリーエネルギーのシステムがあるから、移動しながら街をつくっていける。そうすると、日本とユダヤの話がつながってくる。要は電気を使っていたんですよね。

電気は、最近の話かと思いきや、日本の神社仏閣をはじめ、海外の建築物を見ていると、電気がなければつくれないものがいっぱいあるのです。お寺も、五重塔も、雷をわざと落として、地下の石なのかなんなのかに蓄電していたのでしょう。

ワイヤレスで電気を起こしていたのではないかというのが垣間《かいま》見える。意図的にそういったことをリセットされた時代があったのか、もしくは僕たちは仮想現実の世界にいて、最初からデータをすり込まれただけの可能性もある。

ゲームはログインしたら、そこには街から何から、世界が全部できています。

今は3Dプリンターがあります。UFOに3Dプリンターが積んであって、レーザーでいろんな角度からピューッとやったら、2秒ぐらいでピラミッドができちゃいます。

奴隷が何十年、何百年かけてピラミッドをつくりましたというギャグを、みなさんはいまだに信じていますか。

あれは王家のお墓ではありません。エネルギーが集まる場所、アンテナで、世界中のピラミッドでワイヤレス・ネットワークをつくっていたのです。

エネルギーが集まるから、人々の崇拝を集めることができたのです。そこに当時の権力者たちは入りたがったのです。

言霊から宇宙ができた⁉　拍手の仕草が古事記の最初の神・造化三神の出現をあらわしていた⁉

黒川　そろそろ大団円に向かって、いい感じのペースで進んでいます。

私は、ご神示の背後にある言霊に感心がありました。哲学的な言霊宇宙論、言霊で宇宙ができたという難解話を読むのが好きでした。今回もその話を最初に持ってこようとしたのですが、最初ではなく最後だなと。

王仁三郎が言霊台の上に乗って口述した『天祥地瑞』の子《ね》の巻、第一章です。

天もなく地もなく宇宙もなく、大虚空中《だいこくうちゅう》に一点の丶《ほち》忽然と顕れ給ふ。この丶《ほち》たるや、すみきり澄みきらひつつ、次第々々に拡大して、一種の円形をなし、円形よりは湯気よりも煙よりも霧よりも微細なる神明《しんめい》の気放射して、円形の圏を描き丶《ほち》を包み、初めて⦿《ス》の言霊《ことたま》生まれ出でたり。

「丶《ほち》」は極小点です。宇宙の始まりの兆しです。「日月神示」には「⦿《ス》の言霊」が出てきます。昔、徳間書店から中矢伸一さんの『日月神示』の本が出たころでは、活字を創るのも大変だったろうと思いますが、極小点ではなくて、ペイズリー柄の形だった。ヒカルランドで、極小点に修正されました。

スの言霊をあらわす、わかりやすい漢字は「素」です。「素」は「細かい」という意味があります。

スには洲、主、皇、子、十といった字が当てられます。

⦿《ス》の言霊はサシスセソの「ス SU」ではなく、息が漏れるような音です。「⦿《ス》の言霊」は、「スッ」という短い音です。極小点「・」と極大点「〇」が同時に存在する。これは宇宙の原初と展開する宇宙の形を象徴して、原因と結果を一つにあらわしています。このシンボルがないと「日月神示」もよく理解できない、主神《すしん》のシンボルです。

こういうことを王仁三郎は、第二章以降、最後まで書いている。

スの言霊が出現したあとに、

　清朗無比にして、澄切り澄きらひスースースースーと四方八方に限りなく、

⦿《ス》の言霊響きが四方八方に広がっていく。4の展開から8になるという立体です。

極みなく伸び拡ごり膨れ上がり、遂に⦿《ス》は極度に達してウの言霊を発生せり。

ウは万有の体を生み出す根元にして、ウの活動極まりて又上へ上へと昇りアの

言霊を生めり。又ウは降《くだ》つては遂にォの言霊を生む。

極小点の「ス」は、スゥーと伸ばすとウになります。「⦿《ス》の言霊」からウの言霊が最初に出現した。

口の形も小さくした「ス」から、唇をすぼめたウの言霊ができて、どんどん広がっていって、スゥーオォーアァーというように、口の形そのままに、宇宙ができた響きの世界をあらわしています。

母音の並びは言霊ではアオウエイになります。聞き慣れたアイウエオと違う並びを聞いたことがあるでしょうか。

アオウエイのアの前に、実はスがあります。その後、アァーオォーウゥーエェーイィーという形の発音になります。

スゥーウから始まり、オとアと無限に広がり、極小点の形から広がり、大きい円環になる。口の形はそのままです。

スゥーオォーアァーという形になっていきます。

その次には神話的な神の名前が登場します。

タの言霊、高鉾《たかほこ》の神、カの言霊、神鉾《かむほこ》の神を生ませ給ひぬ。高鉾の神は太虚《たいきょ》中《ちゅう》に活動を始め給ひ、東に西に南に北に、〔中略〕ターターターター、タラリタラリ、トータラリ、タラリヤリリ、トータラリ

と世界に広がっていく。スゥーオォーアァーがタァーカァーに広がって、世界で鳴り響いていた。

鳴り響く「タ」の音は、能楽の「三番叟」があります。縁起物の翁の唱える「とうとうたらり」です。

「とうとうたらり」は大和言葉で、何を言っているかさえわからない非常に古い呪文のような言葉です。この意味は諸説ありますが、その言葉がなぜか正月の祝言《しゅうげん》に出てくるのです。それは宇宙の根源からの寿《ことほ》ぎだと言っています。

しかも、「とうとうたらり」を「ターター」と言っているのです。タァーカァー

の「タ」の音で、「タータータラリー」と言っている。「とうとうたらり」も実は「タ」の言霊の働きの中にあった。

タの働きは円形の活動の中で、今度はマの音が出現します。

その神の働きが、タァーカァーアァーとなっている。タァーカァーアァーマァーハァーラァーで、高天原《たかあまはら》のことです。

『古事記』の最初の「あめつちはじめのときに高天原になりませる神」は、言霊で言うと、スゥーオォーアァータァーカァーアァーマァーハァーラァーと鳴り響いていると、『天祥地瑞』では語られております。

高天原のタカ（高）は、拍手の左手が「タ」で、右手が「カ」です。『古事記』のアメノミナカヌシの次に成り出づるタカミムスビが「タ」、カミムスビは「カ」、御神前で拍手するのはタカミムスビ、カミムスビを、打ち合わせているのです。『古事記』では、アメノミナカヌシが出現して、タカミムスビ、カミムスビの順に成り出づるのですが、人が御神前で拍手《かしわで》を打つとき、実はタカミムスビとカミムスビが最初に出現して、打ち合わせた◯（間）にアメノミナカヌシが成り出づる。順番が逆になっていますが、陰と陽の働きは同じなのです。アメノミナカヌシ、タカミムスビ、カミムスビは造化三神《ぞうかさんじん》と言い、最初の根源的な神の働きです。実は、人が神社で拍手をするという所作の中に、造化三神の全てをあらわしていたのです。日常、神社に参拝して人が普通になにげなくやる仕草が、『古事記』の最初に出現した造化三神を表現していたのです。所作の意味がわからなくなってしまって、それを思い出すため、言霊学が出現したともいえます。万象《ばんしよう》から収束すると、人が拍手を打つ音だけになるのです。

王仁三郎は、原初に言霊が出現して、宇宙と森羅万象《しんらばんしよう》が形成されたと『天祥地瑞』に残しました。今回は要約して重要なところを解説しました。私が今回読み直し驚いたのは、第三章のところです。

主《ス》の神は高鉾《たかほこ》の神、神鉾《かむほこ》の神に言依《ことよ》さし給ひて高天原を造らせ給ひ、〔中略〕「此《こ》の言霊は自由自在に至大天球《しだいてんきゆう》の内外悉《ことごと》くを守り涵《ひた》し給ひ、宇宙の水火《イキ》と現はれ柱となり、八方に伸び極はまり滞ほりなし。八紘《はつこう》を統《す》べ六合《りくごう》を開き本末を貫き無限に澄《す》みきり澄《す》み徹《と》ほり、吹《ふ》く水火《イキ》吸《す》ふ水火《イキ》の活用によりて八極を統べ給ふ。

「至大天球」は高天原、宇宙のこと、「涵し」は水が浸すこと、「八紘」は易などの八方位のこと、「六合」は上下四方です。今までは八紘と六合を方角表現とのみ、私の意識は処理しましたが、よく考えると、八紘と六合では方位表現が二重表現になっている文章です。

ところが、トッチさんと遭遇体験をしたあとで、この部分を読み直したら、8と6はベクトル平衡体*注11のことじゃないか。「ス」の極小の世界から成り成る言霊は、ベクトル平衡体として安定した世界を形成したととらえられます。最初の問題提起に戻ってきました。

*注11　ベクトル平衡体は三角形の面が8つ、四角形の面が6つで構成されている。

言霊宇宙発生論（黒川柚月・セミナー配布資料より再構成）

出口王仁三郎『天祥地瑞』子の巻

第一章

天もなく地もなく宇宙もなく、大虚空中に一点の丶《ほち》忽然と顕れ給ふ。この丶《ほち》たるや、すみきり澄みきらひつつ、次第々々に拡大して、一種の円形をなし、円形よりは湯気よりも煙よりも霧よりも微細なる神明の気放射して、円形の圏を描き丶《ほち》を包み、初めて◉《ス》の言霊生まれ出でたり。此《こ》の◉《ス》の言霊こそ宇宙万有の大根元にして、主《ス》の大神の根元太極元《たいきよくげん》となり、皇神国《すめらみくに》の大本《だいほん》となり給ふ。我が日《ひ》の本《もと》は此の◉《ス》の凝結したる万古不易《ばんこふえき》に伝はりし神霊の妙機《みようき》として、〔中略〕

清朗無比にして、澄切り澄きらひスースースースーと四方八方に限りなく、極みなく伸び拡ごり膨れ上がり、遂に◉《ス》は極度に達してウの言霊を発生せり。

ウは万有の体を生み出す根元にして、ウの活動極まりて又上へ上へと昇りアの言霊を生めり。又ウは降つては遂にオの言霊を生む。〔後略〕

宇宙の根源ゝ《ホチ》から⦿《ス》の言霊が発生し、スゥースゥーと呼吸してスからウ、広がりアとオの言霊が発生する。

第二章

〔前略〕⦿《ス》の神の神言もちて、大虚空中に活動し給ひ、遂にオの言霊を神格化して大津瑞穂《おおつみづほ》の神を生み給ひ、高く昇りて天津瑞穂の神を生ませ給ひぬ。大津瑞穂の神は、天津瑞穂の神に御逢ひてタの言霊、高鉾の神、カの言霊、神鉾の神を生ませ給ひぬ。高鉾の神は太虚中に活動を始め給ひ、東に西に南に北に、乾坤巽艮《けんこんそんごん》上下の区別なくターターターター、タラリタラリ、トータラリ、タラリヤリリ、トータラリとかけ廻り、神鉾の神は、比古神《ひこがみ》と共にカーカーカーカーと言霊の光りかがやき給ひ、茲《ここ》にいよいよタカの言霊の活動始まり、高鉾の神は左旋《させん》運動を開始し、神鉾の神は右旋《うせん》運動を開始して円満清朗なる宇宙を構造し給へり。茲に於いて両神の活動は無限大の円形を造り給へり。この円形の活動をマの言霊と言ふ、天津真言《まこと》の大根元はこのマの言霊より始まれり。

高鉾の神、神鉾の神、宇宙に現れ給ひし形をタカアと言ひ、円満に宇宙を形成し給ひし活動をマと言ひ、このタカアマの言霊《げんれい》、際限なく虚空に拡がりて果てなし、この言霊をハと言ひ速言男《はやことのお》の神と言ふ。両神は速言男の神に言依さし給ひて、大宇宙完成の神業《みわざ》を命じ給ふ。速言男の神は右に左に廻り廻り鳴り鳴りて螺線〔原文ママ〕形をなし、ラの言霊を生み給ふ。この状態を称してタカアマハラと言ふなり。高天原《たかあまはら》の六言霊《ろくげんれい》の活動《はたらき》によりて無限絶対の大宇宙は形成され、億兆無数の小宇宙は次《つい》で形成さるるに至れり。清軽《せいけい》なるもの、霊子《れいし》の根元をなし、重濁《じゅうだく》なるものは物質の根元をなし、茲《ここ》にいよいよ天地の基礎は成るに至れり。〔後略〕

⧁(ス)から広がりオ(ア)の言霊から、タ(火左)カ(水右)が発生し、続いてタカアマハラ(高天原)の六音の言霊が発生する。タァカァアァマァハァラァは天の段のア行の言霊である。

第三章
主《ス》の神は高鉾の神、神鉾の神に言依《ことよ》さし給ひて高天原を造らせ給ひ、〔中略〕此の言霊は自由自在に至大天球の内外悉くを守り涵し給ひ、宇宙の水火《イキ》と現はれ柱となり、八方に伸び極まり滞ほりなし。八紘を統べ六合を開き本末を貫き無限に澄みきり澄み徹《とほ》り、吹く水火《イキ》吸ふ水火《イキ》の活用によりて八極を統べ給ふ。此の神力《しんりき》を継承して、以後の諸神は高天原の中心に収まり紫微《しび》宮《きゅう》圏層に居を定め〔後略〕

主の神(スの言霊)は、四方八方に展開し「八紘を統べ六合を開き」て高天原の中心に鎮まる(8と6でベクトル平衡体)。

＊至大天球は高天原＝宇宙。八紘八方位から転じて世界の意味。六合は四方上下から転じて世界の意味。

宇宙であり宇宙の中心の核である「ベクトル平衡体」が古来より日本文化の中に気づかれることなく連綿と伝えられていた⁉

トッチ　出口王仁三郎さんも一緒ですよ。
みんなにこの説明を振らないと、王仁三郎さん自身も説明ができない。当時は難しかっただろうね。

黒川　この後ろを見ると、宇宙の中心に八紘、六合があると書いてある。
私の意識は情報をノイズとして処理し、全く理解できていなかった。

スースーのほうに意識をフォーカスしていた。

言霊宇宙論は今まで何回も人前で説明していたのが、要はそこではなくて、ベクトル平衡体にあった。これが種になって、中心になったと書いている。

トッチ　8と6が立体の世界では同じものだったということも知ります。

また、風のエレメント、土のエレメントがあり、全てのエレメントの中心にベクトル平衡体がある。ベクトル平衡体は同じ尺度で軸を持っています。

同じ長さのものを使って中心をつくれるのは、宇宙にこの形しかない。

ほかの形で中心をつくろうとすると、長さを変えないといけない。この形だけが同じ尺でとれる中心を持てる形です。

そして、それが麻の葉模様です。昔は、子どもが生まれたら、麻の葉模様の産着《うぶぎ》を着せていた。宇宙的なエネルギーと融合するということを、当時の日本人は知っていたのではないかと僕は思っています。

黒川　大石凝真素美が明治36年に書いた『大日本言霊』を引用しました。

此六角切り子の玉。至大天球也　地球也の御樋代也

「六角切り子の玉」はベクトル平衡体のことです。

「至大天球也地球也」は、至大天球とは高天原のことで、宇宙の中で地球が中心に位置する。天動説です。「御樋代」は、伊勢神宮のご神体の八咫鏡《やたのかがみ》を入れる器です。明治の大石凝真素美は、ベクトル平衡体は宇宙であり、同時に宇宙の中心の核であるとわかっていた。

いままで読み飛ばしていました。意識が認知できない。いままで大石凝真素美の文章は「なんだ、この呪文みたいな文章」と、全く理解できなかった。同じことが100年前の明治時代にすでにわかっていたのですね。でも、大石凝真素美本人が展開図を間違えているから、今までわからなかった。

トッチ　今、天津金木とともに持ってきてもらった木製のベクトル平衡体は、軸の世界を飛ばして面の世界になっています（267ページ）。面の世界にとらわれると、側（がわ）の世界にとらわれてしまうので、中心を知

らないまま進むことになってしまう。

当時、軸の世界から入っていたら謎は解けたのかもしれないけど、綿棒は売っていなかったからね（笑）。

黒川　今までは全部、面でしか説明していない。

トッチ　そうなんです。重要なのは、この軸のほうです。軸が中心をつくる。

黒川　大石凝の説明にしても、中心が至極点であるとは私たちもわかっているんだけど、実際に綿棒の立体を用意してビジュアルで説明してもらうと、外側の面と中心の点の間が透けて見え、３Ｄ立体でわかりますね。

面の集合体では、「これは何角形ですか。今、何面ですか」と数えてしまう。面だけでしか見

面の世界のベクトル平衡体（木製ベクトル平衡体）

ていなかった。

トッチ　重要なところが抜けてしまう。

今、綿棒が中心に集まっています。でも、集まっている真ん中には、めちゃくちゃ小さい空間が存在します。

そして、これは実際には目に見えない世界を視覚化しているものです。反転した世界を見せているのです。

つまり、中心の点のところは実がある部分です。逆に、外側は見えない世界です。そう考えると、太陽と惑星の配列の話でもあるわけです。

こういうのが言葉だけではなかなか難しいから、立体を使って歴史をすり合わせていくと、見えなかった世界が見えてくるというか。出口王仁三郎さんをはじめとした方たちが伝えたかったことと、その人たちの想像の世界なのか、その人たちに降りてきて見せられたものなのかはわからないけれども、符合するのではないかと思います。

ミロクの世界

トッチ　ここにさりげなく置いていますが、この綿棒でつくったベクトル平衡体（8・9ページ）のヤバさというかすごさ。これは36本でできています。この時点でミロクです。

使っている角度は60度、90度、中心点から見た30度、全部、ミロク（270ページ）。「ミロクの世」をみんな弥勒菩薩《みろくぼさつ》のイメージでとらえてしまう。その時点で「ミロクの世」を理解することはできないでしょう。

本当のミロクの姿はこのベクトル平衡体です。こういうことがわかってくると、非常に面白いです。

ベクトル平衡体の辺36本を4色で分けるとすると、1つの色を9本ずつ使うことになります。その9を完璧な状態に分けたのがこれ（8・9ページ）ですが、例えば、赤、青、黄色という配色をした場合、その反対側は必ず反転した状態になります。つまり、同じだけど同じではないというエネルギーを持つことになるのです。横もそう。全部そうです。

もしこの形と色の配色をみなさんが認識していたとしたら、僕が「ここは青です」と言った場合、次に青はどこに配されるかを想像することができます。

これも中が3です（1、4・5ページ）。火と風と土でできているのが中です。外は2です。鶴と亀でもあるのですが、鶴と亀が統《す》べったものなのです（271ページ）。

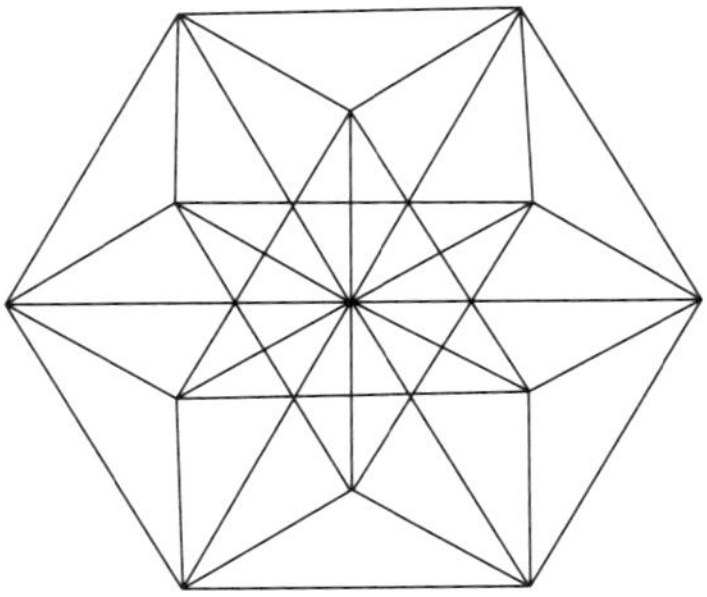

辺の数 36
三角形 60°　四角形 90°
中心点からの角度 30°

鶴と亀が統べったもの

外側＝2・鶴

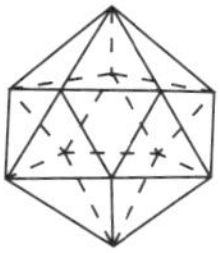

水
（正20面体）

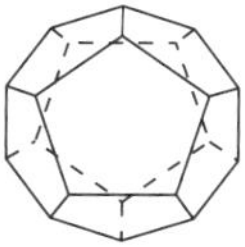

電気、スピリット
（正12面体）

内側＝3・亀

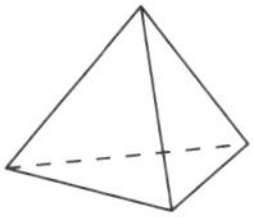

火
（正4面体）

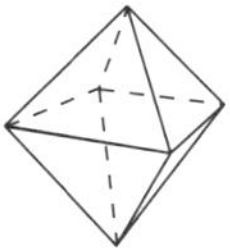

風
（正8面体）

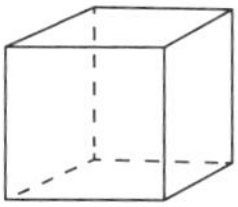

土
（正6面体）

鹿児島の知り合いが「トッチさん、水の流れと書いて、鹿児島ではツルと読むんです」と言う。外側の球体は水のエレメントをあらわしています。亀は六角形でもあります。全部お話と通じてしまう。

また、ユダヤのカバラで言えば、メノーラー（ヘブライ語で「燭台《しょくだい》」を意味する。ユダヤ教の象徴的シンボルであり、「生命の樹」と同じ構造を持っている）は7本のろうそくを立てるものなのですが（273ページ）、3と4を足せば7です。

ベクトル平衡体はまず1個です。1という数字を持っています。そして上下に分かれる。上下だけでなく斜めにも分かれる。2という数字を持っています。

3という数字も持っているし、4という数字も持っている。見る角度を変えると5という数字も持っています。六角形の6という数字も持っています。

3と4だから7という数字を持っていて、四角と四角で8という数字もある。全部で9あらわれる。

つまり、全部の数字を持っている。○△□の全てを内包した形になる。そういうことがまたこういった文章とつながり始めると、展開されていく世界が変わってきます。

今、社会にはこれだけすごいビルや建物がいっぱい建っていますが、よりシンプルになるでしょうし、こういう街のつくり方はしない。世界を本当に熟知していったら、自然界のエネルギーを取り入れた街づくりが始まる。

昔はそれこそ陰陽師と言われている人たちがいました。

陰陽師と言っても、本当の陰陽師はみなさんが思っているような陰陽師ではなくて、こういう世界を知っている人たちです。ただ方位を見たり、妖怪退治をしているのが陰陽師ではなくて、幾何学を知っている人

メノーラー

たちです。それは大なり小なり天球、宇宙空間の惑星配列だとかが全部一緒だということがわかっている人たち。そうでなければ共鳴させることができない。

例えば、「寺」という字は「土」「寸」と書きます。要は測量です。当時、角度をはかったり、レベルをはかる技術を持った人がいた。

黒川　寺という漢字は、もとは寺（テンプル）の意味ではなくて、役所（かんだち）の意味でした。だから、計算もするところです。

トッチ　僕たちは、意図的にずらされた社会の中で生きている。

ある意味、本当の仮想現実の中にいるわけです。自分たちがこれから目覚めて、気づいてつくり出していく世界が展開されると、本当に街の形から変わっていくでしょう。

当時は重要な石を起点にして神社を建てたり、そこに石を置いたりしていた。でも、今は何も知らない人がお金を持って石をどけてしまったりする。

エネルギーが枯渇する街づくりをやっちゃっているのが今の日本ではないかなと思います。

逆に、海外では街そのものが曼荼羅、魔方陣でつくられているところがあります。京都もそうですが、今はそういうのがなくなってしまっていると言ったほうが早い。

昔の人たちとの本当の温故知新を、これから立体と混ぜ合わせながら、いま一度やっていけたら面白い国づくりにもなると思います。

本来なら国を動かしている人たちがやればいいのに、そういう人たちは全く興味がない。だから、黒川さんをはじめとした人たちがやってくれている。本当に大変で、代わってほしいですが、著名な人ほどやらない。

みんなが追っかけている人たちが本当の意味で本物か、もう一回見定めたほうがいいと思う。

「選挙に行きましょう」と言ったって、こういうことを知らない人に投票してどうするのか。今までのことを繰り返すだけです。

個人としてはすばらしい人がいっぱいいるかもしれないけど、団体としては意味合いが全く変わってしまう。

今のシステムでは国はよくならないということをみんなが理解しないといけない。この人が出ればいいのではないか、ではなくて、考え方そのものを根本的に変えなければいけない時代に、今いるということを、みんなに持ち帰ってもらいたい。

そうすると、今回のこの2日間の黒川さんとの時間が、あとあと非常に生きてくると思います。それこそ立体意識でみなさん、これから自分の中のパズルを組み立てていっていただきたい。

今まではジグソーパズルで面の世界だった。

それが別な次元だと斜めも入ってくるということを知ると、つながると思います。僕ですらなんとか形にできました。

でも、これだって、何千年間も形としてはあらわれてこなかったものが今ここにあるということ。その価値たるや、今みなさんが思っているような価格のお金では換算できない。値段がつけられないものを間違えて出してしまっているのです。

ダ・ヴィンチはフラワーオブライフの絵を描いていました。

もしかしたらダ・ヴィンチは形にしていたかもしれない。だけど、社会が隠していたでしょう。ニコラ・テスラが隠されたように。

そういう人たちがこういうものを見たら、とんでもないものをつくり出せてしまうということも知るでしょう。

よく、どこかの街の下では「粒子と粒子をぶつけ合って」みたいなことをやっていますが、あれこそめちゃくちゃ危ない。

平面的な価値観でやっているからです。次元の狭間もつくり出せてしまうんですよ。

イッテル本屋にもフリーエネルギーの本がいっぱいあるかもしれませんが、自分たちこそが、そもそもフリーエネルギーだということを理解してください。

ご飯を食べて生きているのではなくて、実は空気と言われるものを吸っている。

空気は空（から）の気ではない。僕たちは空（くう）というエレメント、12面体を吸って生きているのです。

電気で生きているから。自分たちが電気なのです。

正座していると「しびれる」と言いますね。電気が通っていなかったら「しびれる」という言い方はしません。今こんな話をしてしまったから、参加費に3000円ずつ上乗せしてもらわないといけないね（笑）。

当たり前だと思っているものを、いま一度振り返ってください。

岡本天明さんをはじめ、黒川さんも、当たり前ではないものだという確信と信念があったから今日に至っているのだと思います。僕もそうだった。

みなさんがふだんなさっていることにも、そういうことがあると思います。この2日間、今日だけの人もいますが、何かのヒントにしていただければ、この会を開催した意味があって、次につながっていくのではないかなと思います。

『天祥地瑞』とイスラエル

黒川　先ほど紹介した『天祥地瑞』は、出口王仁三郎が昭和8年から9年にかけて口述した最後の経典です。

これを終わって1年ぐらいあとに治安維持法違反の嫌疑から第二次大本事件が起こり、官憲から大弾圧を受けたのです。昭和17年8月、二審で治安維持法無罪を勝ち取り、未決から釈放され郷里の丹波亀岡に帰り、その後、楽茶碗作りに勤《いそ》しみ、耀琓を3千個つくり、昭和23年に亡くなります。王仁三郎が刑務所から出てから、井戸を掘れと指示があり、昭和19年、辻天水は淡路島の神代《くましろ》村に巨大な井戸を掘るのです。

その経緯も不思議な話がいっぱいあるのですが、昭和58年、井戸を祀ったお宮は火事を起こして、井戸は埋められ、どこにあったかもわからなかったのです。

令和5年10月10日、私は元伊勢・籠《この》神社の奥宮の真名井神社に参拝しました。その10日後の20日、友人らが淡路島に行きました。井戸の場所はなんとなくわかったので、「この辺みたいですよ」と電話で教えたら、今回、井戸の跡が見つかりました。秘められた仕組みの一端が証されたことは、画期的で、一つの事象として現界に再びあらわれたのは、すごいタイミングだった。

もう一つ、10月7日、ハマスのテロ攻撃に端を発するイスラエル軍ガザ地区侵攻と、イスラエルとパレスチナの戦争が、すでに『天祥地瑞』に予言されていました。『天祥地瑞』は昭和9年に中断したまま未完に終わっているのですが、最後は「イドムとサール」という命題で、2つの国が戦争をする物語なのです。北の国と南の国の間に真珠湖があり、武断《ぶだん》的な北の国が南の国を一方的に侵略して滅ぼした。南の国が神様の正統な流れだったが、滅ぼされた南の国の王様は世に隠されてしまい、北の国は「万歳」と言っていた。ところが、内紛が起きて、北の王権はイモリの精に乗っ取られて、北の王統は滅んでしまう。北はイモリの化け物が王位を僭称《せんしょう》している。もう一つの本当の南の王家は世に隠れている。

これらの名称は、全てが暗号になっています。王仁三郎は、言葉にはいろんな意味を暗示していますが、北の国のサールとはイスラエルです。（イスラエル。イスラの霊返し《たまかえ》「サ」*注12、エルが約《つづ》まり「ル」）南のイドムとはエドムです。「エドム人《びと》」*注13が旧約聖書に登場します。エドム人は、ユダヤ人の太祖アブラハムの孫ヤコブの兄、エサウの子孫で、イスラエルの枝分かれした民族です（エドム人が登場するのは、明治の木村鷹太郎《たかたろう》、小谷部全一郎《おやべぜんいちろう》の著作から影響がある）。

その2つの民族が戦うと言われている。それが今回のイスラエルとパレスチナの戦いで、今イスラエルが攻めています。欧米社会から支援を受けたイスラエルが勝つでしょうが、そのあとはもっと大変なことが起きると、すでに昭和9年に予言されています。

イスラエルの話とは一つの受け取りの型で、本当は日本であると諭していた。このストーリーを日本に対応させると、北と南は南北朝時代です。北朝が勝ち南朝の後醍醐天皇皇統は滅びたのですが、王仁三郎に言わせれば南朝のほうが正統で、南朝の霊統は、世に隠されている。それが出口王仁三郎自身なのだという含みがストーリーにあります。北と南のサールとイドムは、伊勢と出雲のたとえであり、伊勢は天皇家で出雲は日本列島先住民の象徴でもありました。

なぜ暗号で書かれたかというと、当時の日本の状況では政治批判的論調を直接表現すると治安維持法で特高警察に検挙されたからです。この物語は日本のことを指していると、インテリゲンチャ（知識階層）の頭のいい人は解読できず、出版検閲をした内務省官僚の検閲からはお伽噺《とぎばなし》として手が着けられなかった。戦前は政治運動で弾圧されましたので、ファンタジーを装っていた、内容を読み解くと、日本やイスラエルの予言をしている。日本は戦前の大日本帝國の末路に対する予言ですが、イスラエルは建国されたのは戦後で、全てこれからの予言です。

『天祥地瑞』は経典として未完ですが、「イドムとサール」の末路、微妙なシーンで中断されています。北の国は悪霊に乗っ取られ王統が消える（王統消《おうとうげ》＝大峠）、シェークスピア悲劇のレクイエムのようなシーンで終わります。しかし、王仁三郎は戦後『霊界物語』口述を再開しようとしますが、長い獄中生活で高血圧などがあり体力的な限界で果たせませんでした。

一方で、王仁三郎は大本事件前から『天祥地瑞』から題材を取り、神劇という神聖歌劇を開催していたのです。神劇の題材の中に「救いの御船」がありました。

大本事件の昭和10年12月8日未明、大本教の島根別院大祭の日、王仁三郎は島根県の松江から警察に連行されました。官憲は当初、王仁三郎を検挙したが、12月8日の大祭の祭典停止は命令しなかったので、緊張の走る中で大祭の祭典および神劇「救いの船」の上演を完遂《かんすい》して幕を引いた瞬間、会場に警察官がなだれ込み、そこに居合わせた人間は全員逮捕されたそうです。*注14

12月8日、大本教の神劇は完遂したので「救いの御船」に人は救われる一つの型を残せた。救いの可能性は必ずあると示したのだと思います。

今、起こっているイスラエルとパレスチナの戦争も、このまま行けば「北から攻めてくる」と「日月神示」に何度も予言された。「北から攻めてくる」は、天明さんの時代は、その1年後にソ連が満州に攻めてきた事実として成就しました。もとは『旧約聖書』のエゼキエル書に、イスラエルに対してゴグとマゴグをはじめ世界中から攻めてくると予言があり、それは「日月神示」の予言の原型です。今の状況から見れば、イスラエルに対するアラブ諸国の反イスラエル感情の高まりや、アメリカの中でも深刻な意見対立がある状態で、これからイスラエルが欧米エスタブリッシュメントを構成するユダヤ資本からの支持だけで、うまくいくとは思えません。全てが予言のとおりになるような雰囲気になりつつあります。我々としては大難が小難にと受けていくしかないと思います。そのための「合い鍵」は神聖幾何学になるかもしれません。

＊注12　漢字の発音を表記する反切《はんせつ》の技法を、我が国の国学で取り入れた暗号遊びのようなもの。富士（huji）富の「は行」の子音hと、士の母音iを返して、火（hi）とする。甲斐（kai）は甲の子音kと、斐の母音iを返してキ（ki）とする。

＊注13　戦後死海から発見された『死海写本』では、イスラエルの光の神の子と、もう一つはベリアルの子といい、悪側の筆頭がエドム人になっています。

＊注14　10年前に松江市内の蕎麦屋に入ったら、御主人が地元の方で80年前の大本事件の様子が語り継がれていました。

――今日はこれで終了したいと思います。

改めましてお2人、今日は本当にどうもありがとうございました。

黒川さんに大きな拍手をお願いいたします。（拍手）

セブン-イレブンのおばちゃんの意見も取り入れてくれたトッチさんに盛大な拍手をお願いします。（拍手）

みなさまも、混雑する中、長い間ご清聴いただきまして、ありがとうございました。

（了）

あとがき　平面から立体の思想の始原へ

今年2024年、講演と並行して岡本天明の資料発掘と翻刻の作業を進めていた折、八幡書店の武田崇元氏から、岡本天明は自分でガリ版を切っているが、下書きもなく直接鉄筆でガリを切っているのはすごい、何か秘訣があったのだろうかと、編集者らしい観点から指摘があった。

私は「天明さんは大本教機関紙「人類愛善新聞」の整理をやっていたからでしょう」と答えた。整理とは新聞紙面の構成レイアウトを決める作業で、見出し、記事の配置、写真挿絵の挿入、全体のバランスを決める作業で、新聞作りの要と言われ、整理担当者の力量で新聞の出来全てが決まった。

90年代以降はＤＴＰなどコンピューター制作になったが、昔の整理担当者はハチマキ締めて唸りながら整理の線を引いたから、新聞制作部署でも一目置かれる存在で、整理のさまは語り草だった。

岡本天明は人類愛善新聞の整理をしていたから、意識の中に情報全てが多層に配置され、それを新聞紙面に落とし込んでいた。立体から平面へとも言えようか。トッチさんが港のコンテナを立体に積み上げる思考力にも合い通じると思われる。

岡本天明は絵を描く工程を見られるのを嫌がったそうで、岡本三典夫人さえ描いているところは見たことがないと言われたが、戦前、着物の帯に柄を描く際、じっと帯を見つめて、その後に一挙に抽象的な唐草模様を描くのを、桜井みすずさん（戦前の天明のすめら歌社同人）は側で見ていたと語られた。

天明の意識の中には、立体イメージの完全な存在があったからこそ、のちの抽象的なクレパス画も一挙に描けたのであろう。

今回は、昭和25年以降、平面から立体への神示を取り上げたが、岡本天明の中には遥か以前から立体の意識が存在していたと再認識できたのも、今回のきっかけが賜物だったと感じています。

四拝稽首　黒川

神聖幾何学とは、
自分たちが本当に見なきゃいけない
見えない世界のこと——

タダノアソビニン

【引用文献】

『[完訳]日月神示』岡本天明 書・中矢伸一 校訂　ヒカルランド　平成13年（2011年）
第二巻「下つ巻」第十六帖・第二十七帖
第四巻「天つ巻」第七帖
第六巻「日月の巻」第三十三帖
第八巻「磐戸の巻」第十帖
第十巻「水の巻」第四帖
第十一巻「松の巻」第二十四帖
第二十四巻「黄金の巻」第九十三帖・第百帖
第二十七巻「春の巻」第三十八帖
五十黙示録 第一巻「扶桑之巻」第一帖
五十黙示録 第三巻「星座之巻」第二十五帖　＊原文にさかのぼり、一部修正

【参考文献】

『大石凝霊学全集』八幡書店　平成17年（2005年）
『幽真界神字集纂』八幡書店　平成9年（1997年）
『武産合気』白光真宏会出版本部　昭和61年（1986年）
『合気神髄』八幡書店　平成14年（2002年）
『[完訳]日月神示』岡本天明 書・中矢伸一 校訂　ヒカルランド　平成23年（2011年）
『[増補改訂版]岡本天明伝』黒川柚月 著　ヒカルランド　令和3年（2021年）
『宇宙の最終形態「神聖幾何学」のすべて』一の流れ〜十二の流れ　トッチ・礒正仁 著　ヒカルランド　平成30年（2018年）〜令和4年（2022年）

【画像クレジット】

1〜9ページ：トッチ氏制作各種フラワーオブライフ
撮影・小路谷恵美（ブライドワークス）

12ページ：天津金木
株式会社八幡書店 webショップより「天之御柱神器」
https://www.hachiman.com/shopdetail/000000000266/
13ページ：『日本古代文字考』巻之上　落合直澄 著
早稲田大学図書館　ホ02_04949_0001・17ページ
51ページ：六角切り子
『大日本言霊』大石凝真素美 著（『大石凝真素美全集・第一巻』に収録）
出口王仁三郎と霊界物語の大百科事典『オニペディア（Onipedia）』
https://onipedia.info/wiki/%E5%85%AD%E8%A7%92%E5%88%87%E3%82%8A%E5%AD%90
98ページ：「ウィトルウィウス的人体図」
レオナルド・ダ・ヴィンチ、パブリックドメイン、ウィキメディア・コモンズより
https://commons.wikimedia.org/wiki/File:Da_Vinci_Vitruve_Luc_Viatour.jpg
99ページ：三内丸山遺跡・大型板状土偶
山内丸山遺跡センター 蔵・田中義道 撮影　P_L_00069.jpg
https://sannaimaruyama.pref.aomori.jp/sanmaru_search/detail/?c=6588
１９７ページ：刺し子

南郷刺し子製作・なお
instagram.com/nanonanona_sashiko/
２３１ページ：かわほり扇「富士に龍」
株式会社　宮脇賣扇庵

トッチ　とっち
タダノアソビニン
著書：『日月神示、マカバ、フラワーオブライフ　宇宙の最終形態「神聖幾何学」のすべて』一の流れ～十二の流れ（礒正仁氏との共著・ヒカルランド）

Instagram
instagram.com/t.flow26/

T-FLOW ART AGENCY
https://www.tflow-aa.com/home

2024年12月7日～2025年1月26日、表参道「GYRE」にて
「ミスマルノタマ ― 神聖幾何学 Flower of Life ―」開催（主催 GYRE）
https://gyre-omotesando.com/art/

黒川柚月　くろかわ ゆつき
1969年（昭和44年）東京都南新宿生まれ。服飾専門学校卒業。

幼少期から心霊番組やUFO超常現象の本を読むのが好きだった。

10代半ば頃より、西洋神秘学や大本教に興味を持つ。

1990年（平成2年庚午）千葉県成田市の麻賀多神社に参拝し、古代忌部氏の系統を探求する。

1992年、全国の神社巡りを開始する。

2000年より経綸研究に入る。

2014年、明治の国家神道に隠滅された古神道の神拝所作に関心を持つ。

蝦夷（父方）と水軍（母方）の子孫。

著書：『［日月神示］夜明けの御用 岡本天明伝』（ヒカルランド）、『富士は爆発するぞ！日月神示が語る今この時』（中矢伸一氏、内記正時氏との共著・ヒカルランド）、『あらすじで読む霊界物語』（飯塚弘明氏、窪田高明氏、久米晶文氏との共著・文芸社）

撮影：小路谷恵美

宇宙を統べる真理の法則と、その科学

日月神示と神聖幾何学

時間・空間・重力・量子、そしてフリーエネルギー

第一刷　2024年12月31日

著者　トッチ
黒川柚月

発行人　石井健資
発行所　株式会社ヒカルランド
〒162-0821　東京都新宿区津久戸町3-11　TH1ビル6F
電話　03-6265-0852　ファックス　03-6265-0853
http://www.hikaruland.co.jp　info@hikaruland.co.jp
振替　00180-8-496587
本文・カバー・製本　中央精版印刷株式会社
DTP　株式会社キャップス
編集担当　遠藤美保

ISBN978-4-86742-430-8

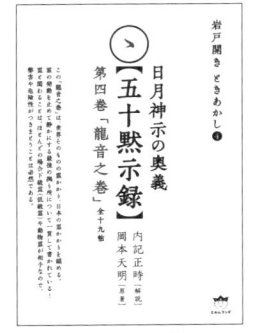

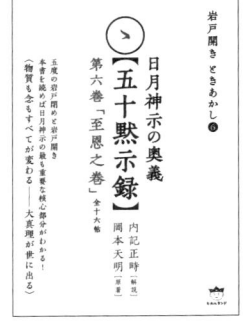

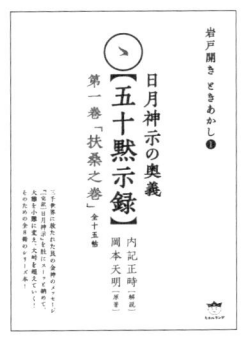

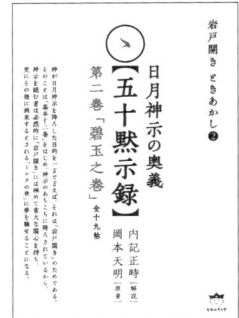

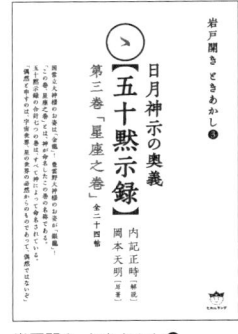

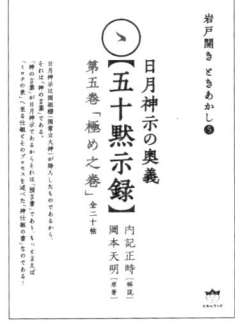

唯一無二の音響空間

量子オーガニックサウンドを作り出す

イッテルスタジオ

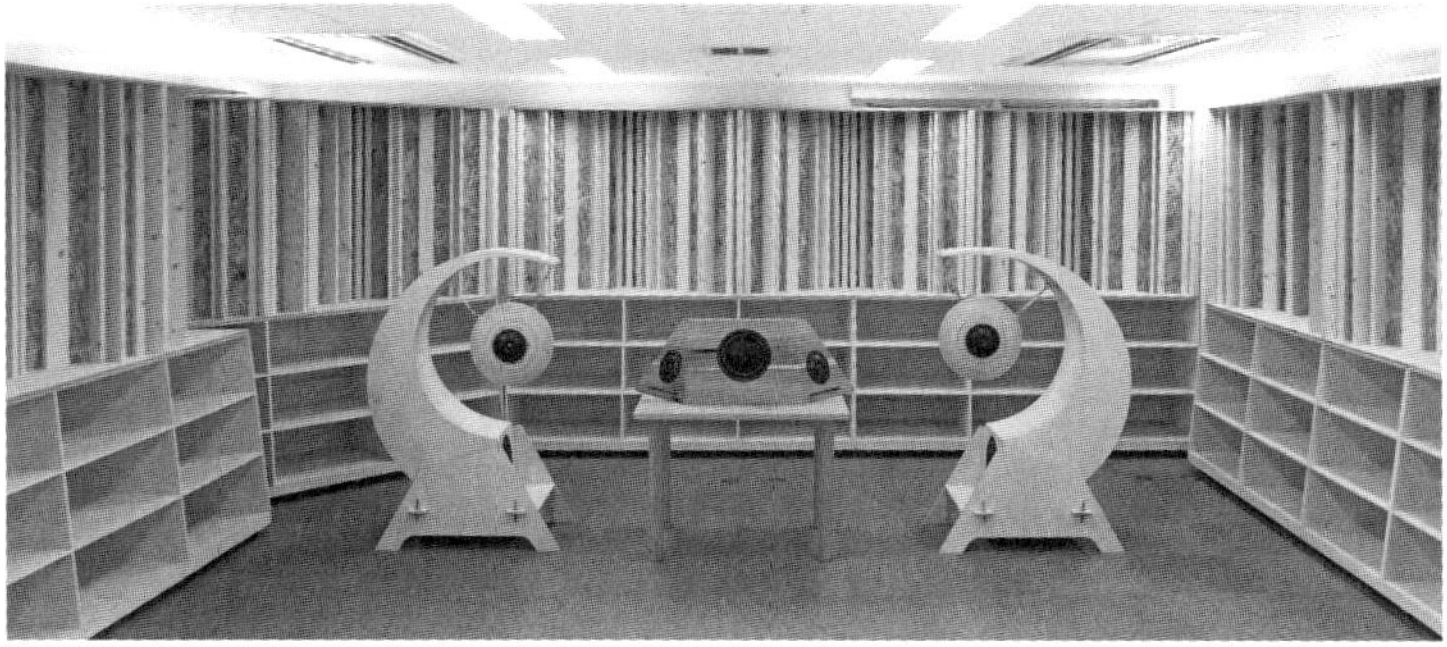

“音のソムリエ”こと藤田武志さんが設計ディレクションを担当した、ヒカルランド本社1階にあるイッテルスタジオは、日本が世界に誇る音響建築のプロ「田口音響研究所株式会社」の手によって実現した、唯一無二の量子オーガニックサウンドが味わえる空間です。反響板によって反射した音の周波数はすべて異なるようコントロールされているので、楽器の響きがスタジオ全体へと広がり、空間のどこで聴いても違和感がなく、音が心身に染み渡るように感じるのです。量子パワーも加わって、聴く人を芯から最適化。音の中に身を浸す“音浴”を体験してみてください。

反響板

トッチ氏制作
「綿棒・立体神聖幾何学」が見られます！

金・銀・銅の3色をベースにした四重構造のベクトル平衡体の中に、色分けされた火（正4面体）、風（正8面体）、マカバを見ることができます。
ぜひ「宇宙の法則」を見にいらしてください！